JN181074

久祥院の御台所

藩主津軽信政生母

木村守克

北方新社

御雑煮

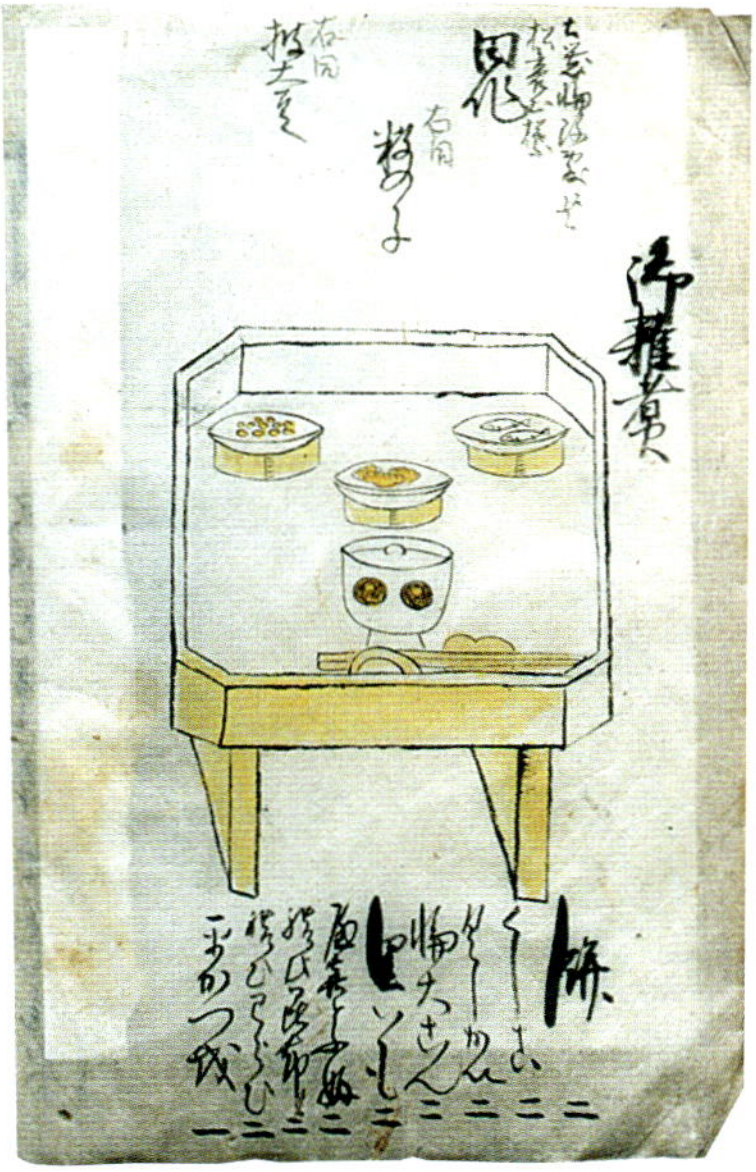

雑煮の材料

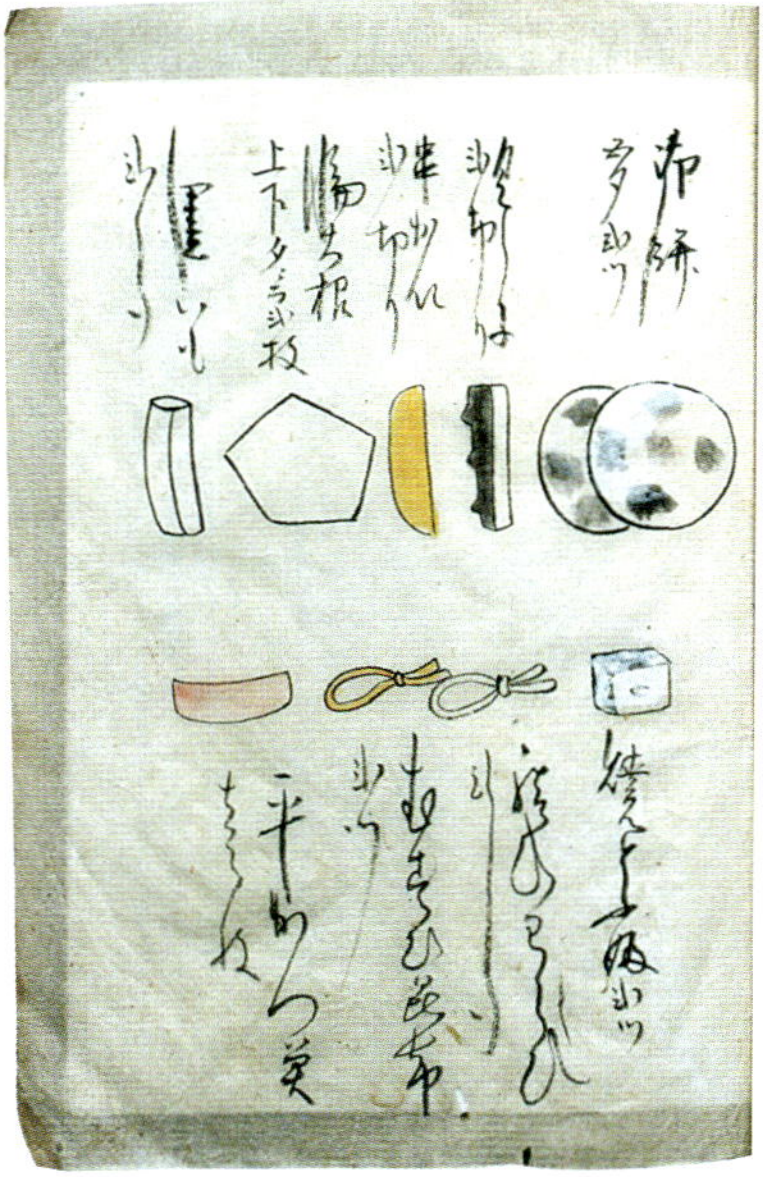

元日料理の一部

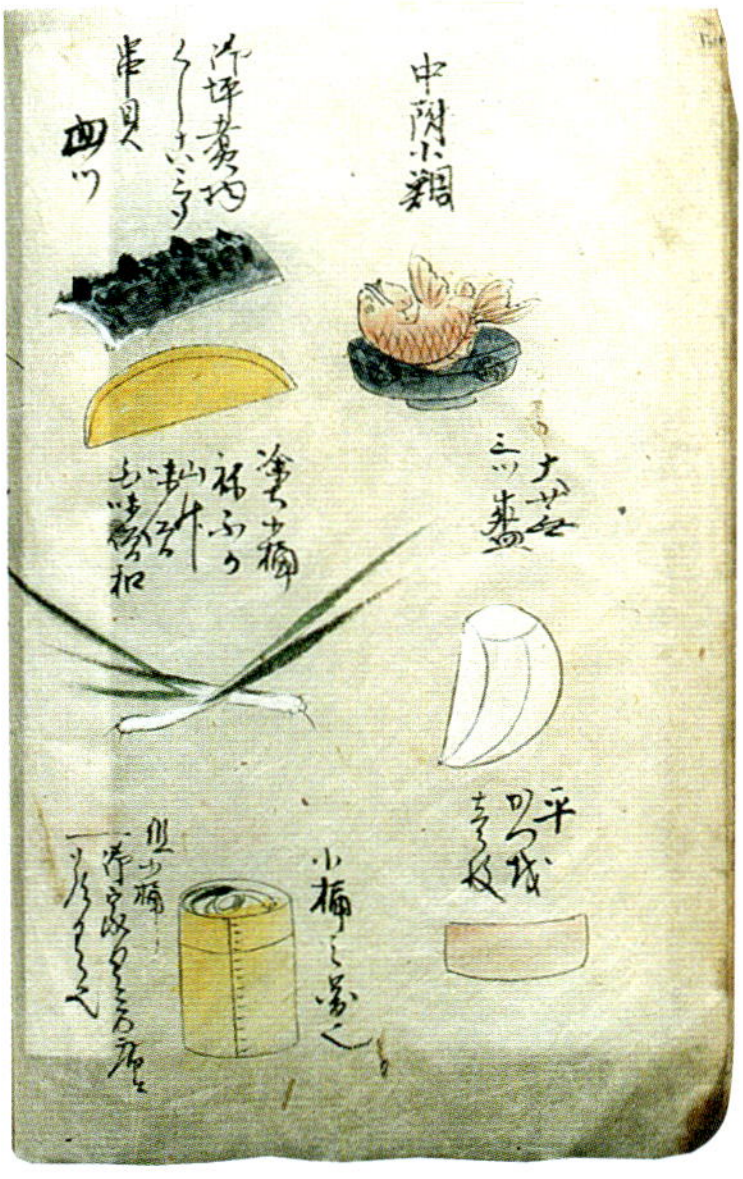

元日料理の一部

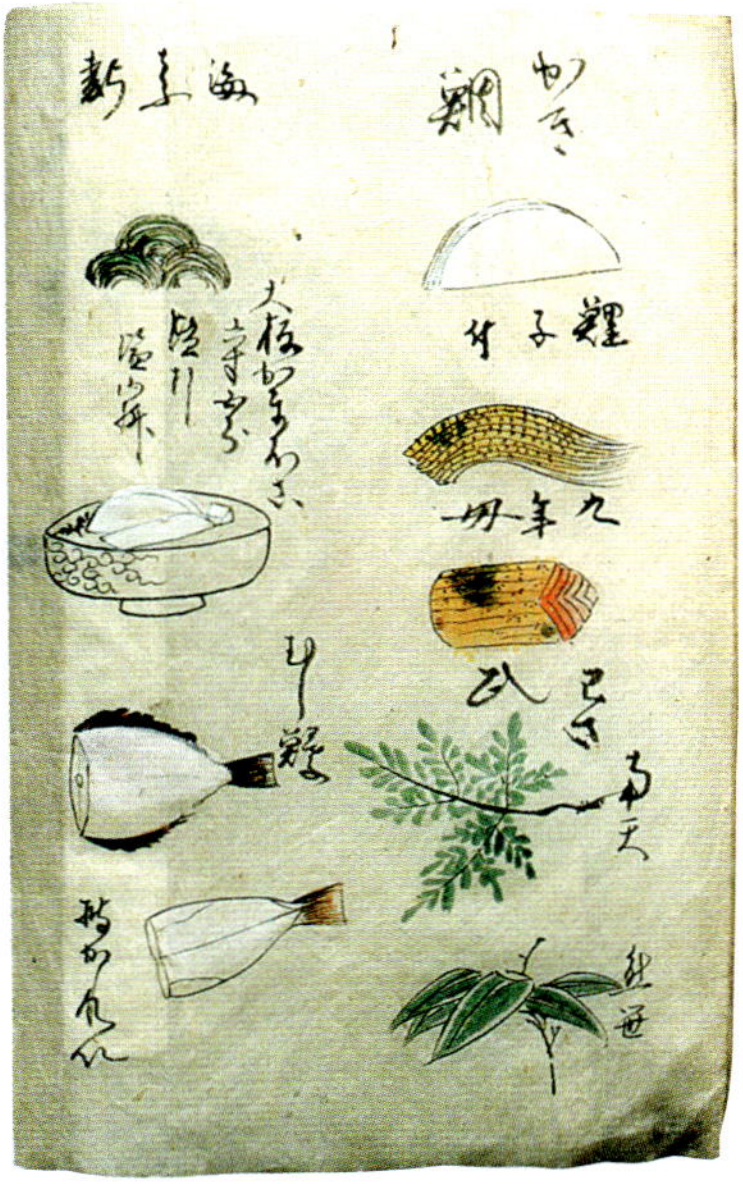

『年中行事御祝献立並三方等御飾』（弘前市立弘前図書館蔵）より

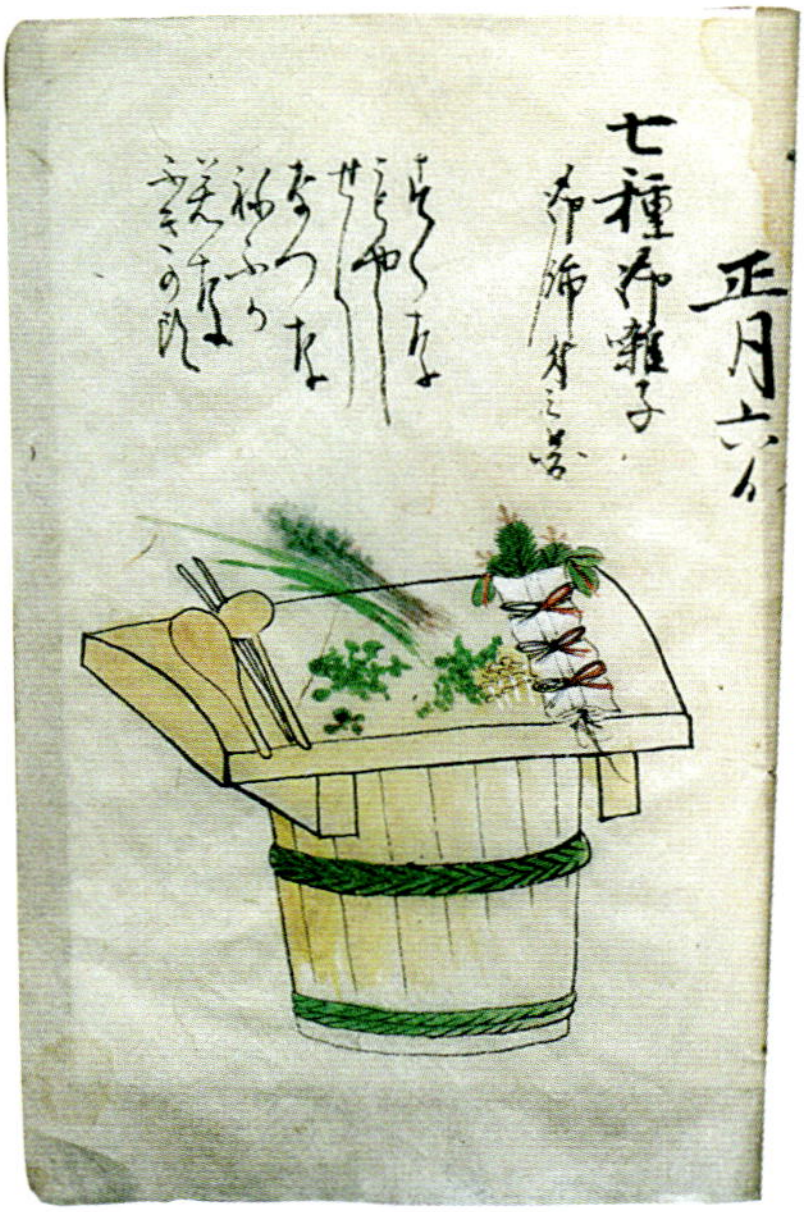

正月六日　七種御囃子

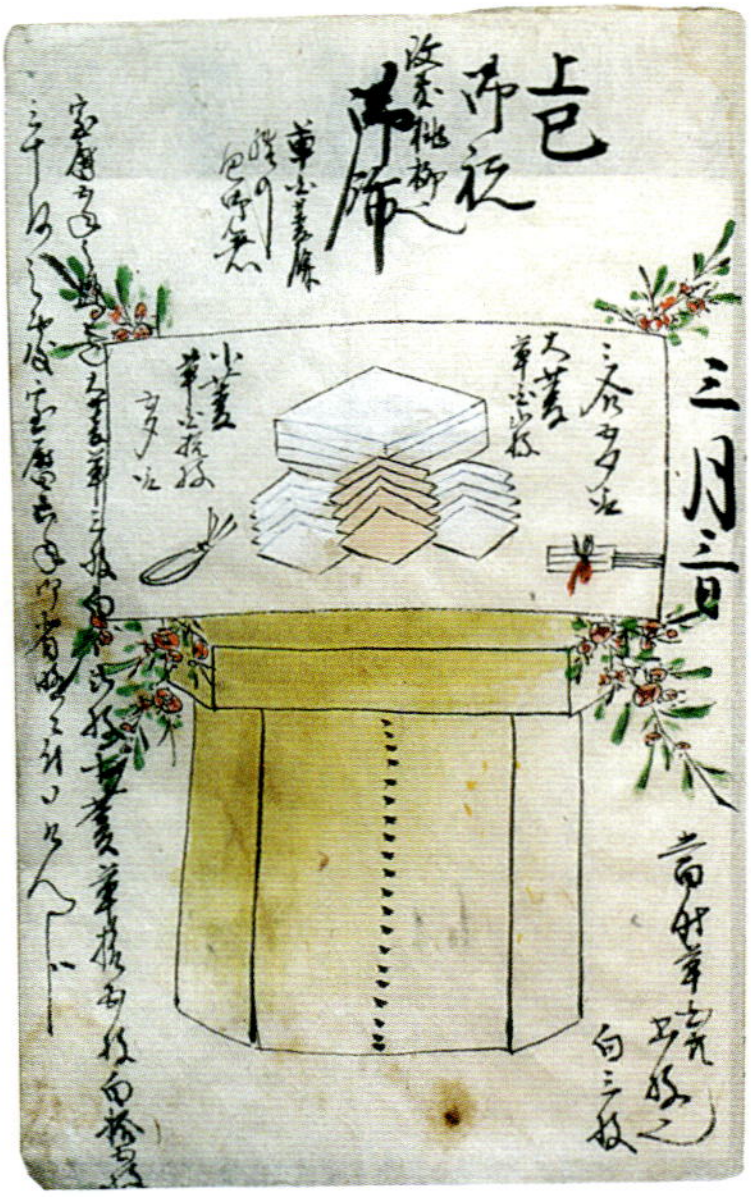

三月三日　上巳御祝

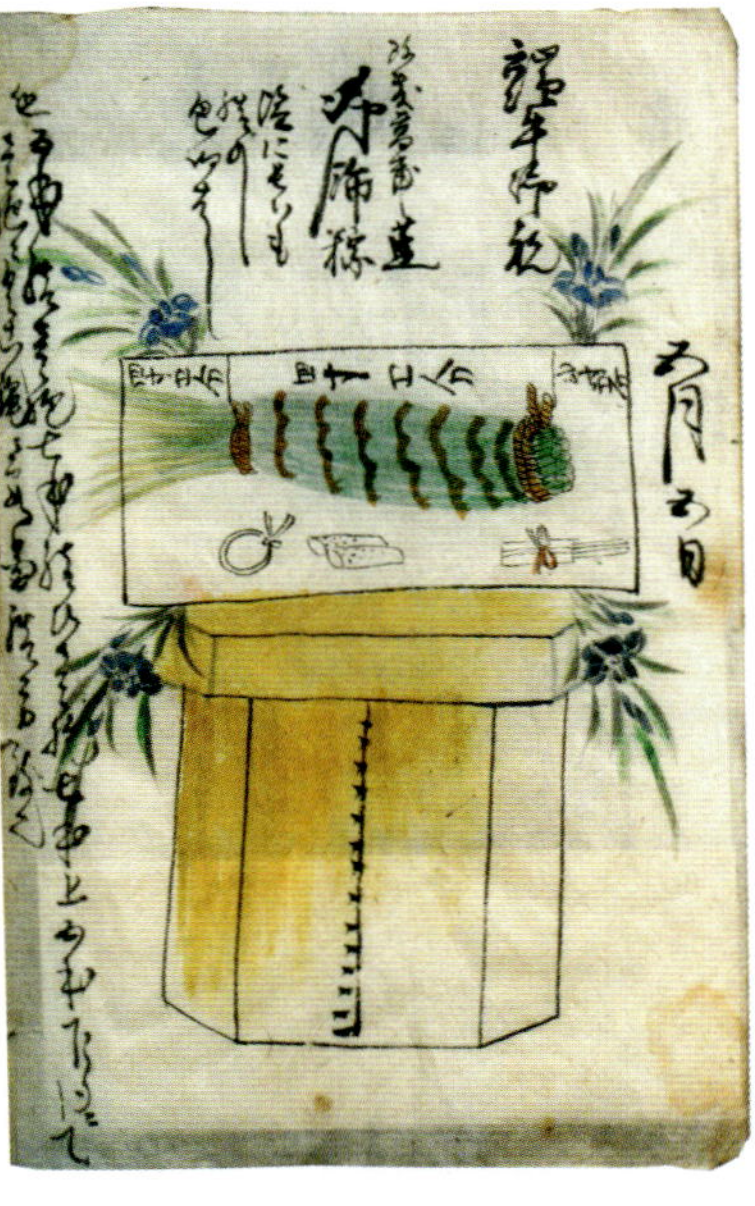

五月五日　端午御祝

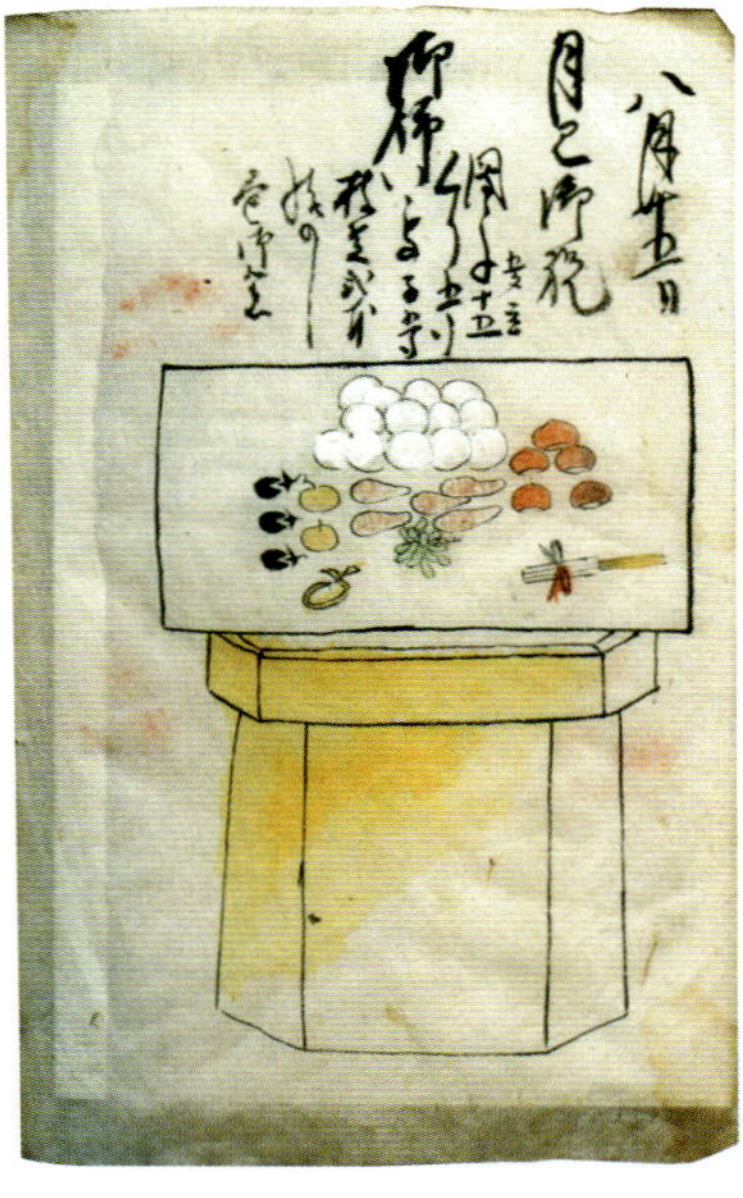

八月十五日　月見御祝

目次

はじめに 3
二汁七菜の本膳料理 6
御台所の人たち 12
殿様のお嫌いもの 26
御能の料理 31
大鰐の菜園 35
献上の鮭・鱈 41
久祥院の肴《さかな》 49
江戸からの下りもの 58
鳥の味わい 75
信政の食事 95
着城のお祝い 102
御ふるまい料理 108
発駕のお祝い 115
七種《ななくさ》のお祝い 121
北の郭の生活《くらし》 134
千歳山での行楽料理 139
殿様の新年の料理 144
久祥院の死 154
あとがき 158
参考文献 160

はじめに

『弘前藩庁日記　国日記』に、寛文《かんぶん》の時代（一六六一～一六七三）から元禄《げんろく》の時代（一六八八～一七〇四）にかけて、久祥院《きゅうしょういん》（久昌院）という女性に関わる記録が数多く記されている。

久祥院（一六三〇～一六九二）は、唐牛九右衛門修理という人の娘ともいわれ、後に添田理兵衛貞成の養女になったという。久祥院は弘前藩の三代藩主信義の側室で、四代藩主信政の生母となった人である。才色兼備の人で、ことのほか菊を愛し、菊御前とも呼ばれていたという。事実、信政は巡遊先の蟹田からわざわざ久祥院へ菊の花を差し上げている。弘前市立博物館には、今も久祥院の書とされる仮名書きの「久祥院殿写経」が県重宝として展示されている。

久祥院はあるとき信政に、家中《かちゅう》の者に不調法があっても、決して手打ちにしないようにと願ったという。信政はそれを聞き入れ、生涯、家中の者を手討ちにすることはなかったという。信政の行う政治にはこの生母による影響が少なからずあったのではないかと思われる。

信政がこの生母を深く敬愛し、いかに大切に遇していたかが、この時代の『弘前藩庁日記　国日記』に知ることができる。信政は弘前にあっては、度々久祥院をお城に招き、料理を差し上げている。また、久祥院が住む北の郭を、度々訪ねてはご機嫌を伺っている。江戸にあっても、常に久祥院の消息を

案じ、まためずらしい食べ物など、様々な品を贈っている。初物の献上の品も、かならず久祥院に差し上げた。また久祥院が重病となったときには、江戸にいた信政は、わざわざ弘前へ医者を派遣している。藩主の信政が生涯で最も苦境に立たされたのは、貞享四年（一六八七）十月に閉門の処分を受けたことであろう。この時久祥院は皆の先頭に立ち、閉門が早く解かれるように、ひたすらに神仏に祈ったのである。それは地元にあっては信政に代わる実力者のようであった。

「久祥院」は初め「久昌院」と称していたが、五代将軍となった徳川綱吉の生母が「桂昌院」であったことから、「昌」の文字を使うのは恐れ多いことであるとして「祥」に改めたという。「久祥院」という名前が『弘前藩庁日記　国日記』に初めて現れるのは延宝九年（一六八一）四月十六日である。『弘前藩庁日記　国日記』は、弘前藩の政治、経済、行政、社会等に関わることを記す、公的文書であると考える。しかし生母久祥院の私的とも思われる記事が、かくも多く記されているのは、弘前藩の歴史にその名を留めようという、藩主信政の深い意思の表れであったのだろうか。

久祥院が二十六歳（数え年、以下年齢は数え年）の時、信政は十一歳にして弘前藩の藩主となった。久祥院は若い藩主の生母として、大きな権力を持ったであろうことが窺われる。同時に封建時代の男社会にあって目立たぬように、信政の藩主としての帝王学に腐心したことであろう。そんなことも信政がいつまでも久祥院を慕う原因でもあったろうか。

久祥院は酒が好きだったようで、若い頃の行状に、あるときは上方より下した諸白《もろはく》（麹《こうじ》用と蒸米の両方を精白して作った上等の酒）四樽の内、最初に一樽、三日後にはまた一樽が用いられている。若き日の久祥院は何日もかけて酒宴をしたものであろうか。

また、社寺参詣、湯治などにも、久祥院は度々大勢の供を従えて出かけている。湯治には二十日近くも要することもあり、その出費は大きなものであったろう。

嶽温泉（旧岩木町。現在は弘前市常盤野《ときわの》）の湯治では魚に不自由するので、役人は西海岸の漁師たちに、魚が捕れ次第、夜通しかけても届けるようにと命じている。

久祥院の老年の時代は、江戸に華やかな文化が生まれた元禄の一時期でもある。『弘前藩庁日記　国日記』に残る久祥院とその周辺の記事は多様であり、その中には食べ物・料理に関わる記事が少なくない。現代の私たちが、この時代の食べ物、料理について知る上で、この久祥院の存在はたいへんに大きいといえる。

引用した『弘前藩庁日記　国日記』で文章の長いものは読み下し文にし、短くてそのままでも理解できるものは、ほぼ原文のままとした。

以下、引用の大部分は『弘前藩庁日記　国日記』で、略して『国日記』とした。

それでは、久祥院と、そしてその周辺にどんな食べ物、料理が現れるのか、その一端を述べてみたい。

二汁七菜の本膳料理

『国日記』には饗応料理である本膳《ほんぜん》料理が度々現れる。本膳料理について、具体的に膳組《ぜんぐみ》と材料が記されたのが見えるのは、信政の時代の貞享元年（一六八四）の頃からである。それまでは二汁五菜、二汁七菜、三汁九菜などの料理を差し上げるなどと簡単に記されている。

本膳料理は正式な日本料理の膳立てで、本膳（一の膳）二の膳、三の膳、与（四）の膳、五の膳まである。普通は三の膳までで、配膳の順序、食べ方には一定の作法がある。本膳料理は、室町時代に始まったとされる武士の食事様式だが、作法の繁雑さなどから、昭和の初期には用いられなくなってしまったという。しかし、現在の食事のマナーには、この本膳料理によるものが多く残っている。かつて、日本料理の流派には、四條流、生間《いかま》流、大草流、進士流などがあったが、弘前藩は四條流であったようだ。

次の料理は貞享元年（一六八四）十一月二十三日の夜に、修復なったお城に藩主信政が、生母の久祥院を招いて饗応した二汁七菜の本膳料理である。当時、弘前藩を支配した人たちはどんなものを食べていたのだろうか。この会食の席には、久祥院の子で信政の弟、家老の玄蕃も同席したことであろうか。

なお、弘前藩の本膳料理では、漬物も一菜に数えていることが多い。（漬物の種類を多くしているからだという）

一　御料理二汁七菜　御膳塗御膳

御手掛熨斗《のし》(1)

（本膳）

指躬《さしみ》　ほそ作ぼら　御汁(3)　つみ入

かきひらめ(2)　小かぶ

わさび　めうど

きんかん　漬松茸

香物《こうのもの》(4)　御食《おんめし》

二（二の膳）

煮物　くしこ(5)　御汁　塩鱈

せり　品川のり

ゆり　雲子(7)

大むめ干《ぼし》(6)

海鼠腸《このわた》(8)
引而《ひいて》(9)

一 色付《いろつけ》(10)　石かれい
一 鰊鯑《かどのこ》(11)　わさび
　　はりくり(12)
一 組焼《くみやき》　かまぼこ
　　なべやき(14)

外《ほか》
　大学差上之《これを差し上る》
一 むし里もの(18)　生干鱈
　　ひらかつお

三方土器一重《さんぼうかわらけひとかさね》(21)
面々(22)御菓子　大和柿(23)

御肴
一 柚子でんがく(13)
御吸物(15)　ひれ(16)
　みつかん(17)
　たこいぼ

御取肴(19)
一 ひらかつお
一 からすみ(20)

蜜漬御菓子(24)　　なし

後段(25)

こせうの粉(26)　　饂飩《うんどん》

御吸物　そい

みずな

葡萄酒《ぶどうしゅ》(27)

御肴

一　蒸し貝

一　水くり(28)

みつかん

〔注〕

（1）**御手掛熨斗《のし》**（御手がけのし）　正月などに三方《さんぼう》に米を盛り、干し柿、搗栗《かち》（干した栗を臼でついて渋皮を取り除いたもの）、みかん（当時のものは直径が三センチ位といわれる）、昆布などを飾ったもの。食べたつもりで手を掛けるだけの、形式化した飾りとなった。ここではあわびの熨斗《のし》だけが、三方に載《の》ったものであろうか。

（2）**かきひらめ**　ひらめの身を包丁の先でかきとるようにしたもの。

（3）**御汁**　本膳（一の膳）につける汁を本汁といい、味噌仕立てとなっている。二の膳の汁は澄まし汁となっていて、味噌汁の上ずみ、醤油の汁とか塩の汁となる。

（4）**香物**（香《こう》の物）つけもの。弘前藩では漬物の種類を多くして一菜とみなすことが多い。

（5）**くしこ**（串海鼠）ナマコの腸を除いてゆで、串にさして干したもの。

（6）**大むめ干**　大きい梅干。

（7）**雲子**　鱈の白子のことか。

（8）**海鼠腸《このわた》**　なまこの腸の塩辛のこと。珍味。

（9）**引而《ひいて》**（曳而）ほとんど献立名に現れることのない内々の料理で、砂鉢などで数品が用意される。

（10）**色付石かれい**　石がれいに醤油のいろをつけて焼いたもの。

（11）**鰊鯑《かどのこ》**　数の子のこと。

（12）**はりくり**　生栗を針にきざんだもの。毒消しの働きがあると信じられていた。

（13）**柚子でんがく**　ゆずの香りの味噌を塗ったとうふのでんがく。

（14）**なべやき**　鳥肉などを厚手の鉄鍋で焼いたもの。

（15）**御吸い物**　本膳料理に出る吸い物は汁であっても、酒にそえるもので、一の膳、二の膳の汁とは区別する。

（16）**飛連《ひれ》**「ひれ」のみで、鯛のひれであることを意味する。

（17）**みつかん**　みかんの皮を干した陳皮《ちんぴ》のことと思われる。刻んで用いる。

(18) **むし里物《り》。大学之《これ》を差し上げる。** 家老の津軽大学という人が、特別に酒の肴に、生干し鱈を、差し上げたというもの。

(19) **御取肴《おとりざかな》** 正式の日本料理の饗膳で、三度目に出す酒に添えてすすめる酒の肴。珍品などの心づくしのものを、主人が自ら取ってすすめることからこの名がついた。

(20) **からすみ** マボラの卵巣を塩漬けにしたあと、塩抜きして、圧搾、乾燥したもの。長崎産が有名。

(21) **三方土器一重《かわらけひとかさね》** 三方に土器をひとつのせて。

(22) **面々** 銘々の意。ここではめいめいと読むのか。

(23) **大和柿《やまと》** 御所柿《ごぜ》。奈良県御所《ごぜ》の原産といわれる。甘柿で種がほとんどない。今はごく少量の生産に止《とど》まっている。

(24) **蜜漬御菓子** 砂糖をとかして、蜜のようにした糖蜜を使ったお菓子と思われる。『国日記』には別に、「蜜漬カステラ」というお菓子などがみられる。また、江戸から「蜜漬けの壺」が届く記事もみられる。

(25) **後段《ごだん》**（こうだんとも）お客様のもてなしに一通りの食事のあとに出す軽い食べ物のこと。

(26) **こせうの粉** こしょうはこの頃すでに上流階級に流通していたものと思われる。

(27) **葡萄酒《ぶどう》** 江戸時代のぶどう酒は、ぶどうの果実に麹、蒸もち米、焼酎、酒などを加えて作られていた。

(28) **水くり** 栗の渋皮をむいて水につけ、生のものがお菓子として使われた。

ところで、ここに紹介した久祥院の本膳料理は、二汁七菜ではあるが、料理の数が多く内容が豊かである。ここでの二汁七菜の二つの汁は、本膳の汁と二の膳の汁のことである。七菜は指躬《さしみ》、香物《こうのもの》、煮物、海鼠腸《このわた》、色付《いろつけ》の石がれい、鰊鯑《かどのこ》、組焼である。これらが基本となっていて、酒の肴など多くの料理が加えられている。このような料理と、内容は異なると思われるが、二汁七菜の料理は、藩主の江戸への発駕（出立すること）や、着城のときにも用いられている。これは弘前藩の内輪での、レベルの高い饗応料理のように思われる。ここにみる二汁七菜の食材には、津軽では季節的に用意できないものがある。冬のめうど、せり、みずなどはどこからきたのだろう。江戸、京都あたりだろうか。もともと津軽では手に入りにくい食材と思う。蜜漬御菓子などは遠い長崎からのものであったろう。

冬の夜、ほの暗い蝋燭《ろうそく》の明りのもとで、久祥院は吾子の信政とどんな語らいをしたのであろうか。

御台所の人たち

弘前藩の御台所は、本丸御殿の東側の北寄りにあった。久祥院の本膳料理も作った藩の御台所には、どんな職制の人たちがいて、どのような待遇を受けていたのだろうか。

弘前藩の『分限帳』（元禄十年、一六九七）によると、次のような多くの人たちが働いていた。御台

所頭二人、御料理人四人、下（並）料理人八人、御家具の者十五人、御台所帳付九人、御台所手付足軽六人、板の間の者六人、御台所小人十六人、御賄頭二人、御賄方帳付二人、御賄方足軽二人、御賄方小人十人で、ここでは八十二人にもなる。

この他に、藩主の食事に手落ちがないか安全を確かめる御膳番がいた。また、藩の預かり人や、雇人《やとい》に食事を出す仕出し料理人といわれる人たちもいた。この人たちは足軽や郷士（農村に住んでいる身分の低い武士）であった。

ところで元禄八年（一六九五）の大凶作で、弘前藩は大きな人員整理をした。御台所も例外ではなかった。これは信政の失政ではなかったかといわれている。

弘前藩では、百石取りは中級武士とされている。ちなみに、百石の米を現在の貨幣価値にするとどの位になるのだろうか。この時代、百石の知行だと、藩から四割を差し引かれて（やがて六割を差し引かれる）、実際に受け取るのは玄米で六十石ということになる。弘前藩の百石取りの武士でも生活は苦しかったといわれる。六十石を今日の消費者の米値段にすると、三百万円前後であろうか。しかし、この計算では現代の生活感覚に合わないと思われる。あくまで参考までの計算である。

四人の御料理人の給料は、最高が切米《きりまい》十五両五人扶持《ぶち》で、これは百石近くに相当するといわれる。御料理人は藩主などの貴い方の食事を作る人なので、「御」をつけるのだといわれる。御料理人たちは、信政が江戸から連れてきた腕利《うでき》きの人たちではないかと思うが、この時代、意外に優遇されていたようだ。御台所には、身分が下位で料理作りの補助をする、板の間の者という人たちがいた。喜兵衛と伝兵衛は江戸からきた人たちで身分は板の間の者であった。それがやがて、両人は並料理人に取り立てられ、刀上下代も支給されている。名前も原喜兵衛、重田伝兵衛となって、藩日記にはその働きが記されている。

御料理人の下は下（並）料理人だが、最高が切米五両五人扶持で、御料理人の給料のおよそ三分の一といわれる。そして食器具などを管理する御家具の者は、最高が切米四十俵三人扶持、同じく御台所帳付は切米三十俵二人扶持、御台所手付足軽は切米十五俵、板の間の者は切米三両二人扶持、御台所小人は切米一両二歩一人扶持、御賄頭は三十石、御賄方帳付は切米三十俵二人扶持、御賄方足軽は切米十五俵、御賄方小人は切米一両二歩一人扶持などというものであった。

〔注〕

弘前藩の俸禄制は、知行《ちぎょう》（石高《こくだか》）、俵子《ひょうす》（俵《ひょう》米）、金給（銭《せん》給）、扶持《ふち》（口《くち》）の四種類を基本給としている。武士には二つの種類があり、一つは藩主から石高をもって示した俸禄が支給される「知行取」と、もう一つは米俵や金銀で俸禄が支給される者である。

弘前藩で家禄を自動的に継承できたのは、初め、知行取だけであった。俵子取以下は一代限りの雇用であった。したがって、知行取の方が格式が高く、米俵や金銀で俸禄を支給される者は格下であった。

切米は時期を何回かに区切って米を渡したことから、このようにいわれた。弘前藩では俸禄を十二ケ月に分けて、毎月御蔵前において支給した。一人扶持は、一人一日玄米五合の計算で、一年では約一・八石となる。五人扶持ではこの五倍になる。

ところで、この時代、お城で料理に携わる者には御料理人、下（並）料理人、助手的な存在の板の間の者などがいた。ずっと後年のことだが、弘前藩の日記方が編集した『御用格』（文政元年・一八一八）というものに、御料理人と板の間の者の仕事について、次のような興味深いことが記されている。

今日、御台所頭へ相渡し候口達書《こうたつしょ》
覚《おぼえ》

御料理人はこれまで殿様のお常のご飯、その外《ほか》お酒ごとなどの時、お肴ならびにお野菜とも、大方、板の間の者に下拵《ごしらえ》をさせている。煮方、焼き方はもちろんお品柄により、御料理人は適当にあしらい、作り方をきちんと伝えないこともある。このようなことから、御料理人がちゃんと教えなくても、御料理が巧みな板の間の者が作った時には、ご塩梅《あんばい》がよく、または御料理人が巧みでも、板の間の者の下拵えがよくない時には出来上がりがよくない。

殊に度々ご塩梅《あんばい》することは二味《ふたあじ》になり、とかく殿様がお望みになられているような味にはならない。これはつまるところ板の間の者に、大方作らせることに原因がある。これからは板の間の者が料理を手伝うことはよくない。板の間の者には本来の洗い方、火焚きなどの外はご塩梅《あんばい》もさせてはならない。万事、御料理人が下拵えより取かかるようにしなければならない。このことは江戸の御台所とも心得えられるべきである。

上からの指摘は痛烈である。ここには御料理人と、板の間の者との、本来の業務がよく示されている。藩主に差し上げる料理は、とうぜん御料理人が作るものなのだが、時代が下ると、御料理人が本来行うべき仕事が形骸化《けいがいか》していき、大方の下拵えを、板の間の者にさせるようになってしまったようだ。これでは藩主のための料理が出来がよくないので、板の間の者の仕事は、本来の洗い方、火焚きに止《とど》め、料理の塩梅（味見）もさせてはならないと、厳しく注意をしたのである。

御台所で働く人たちの中には、運がいい人も、そうでない人もいる。石火屋次五右衛門は、下料理人だが前藩主信義の時から六十年にわたって御台所に勤めてきたベテランである。俸禄は五両五人扶持であった。二、三年前から病気のため、ご奉公できなくなったからと隠居すべく、代わりに息子たちの跡継ぎを願い出ている。

元禄三年（一六九〇）十一月二十八日

（略）忰、長兵衛儀、惣領《そうりょう》（あとつぎの長男）に御座候。次五右衛門に下し置かれ候う御擬作《あてがい》（ここでは俸禄のことか）、長兵衛へ下され、二男甚兵衛も今年二十歳に罷りなり、器量《よ》も能く、料理心も御座候。御積《つもり》をもって、宜しきよう願い奉り候う旨（略）

次五右衛門はよほど真面目に、働きつづけてきたのであろうか。信政の心証は良く、快く隠居を許し、次五右衛門に五人扶持（玄米一日二升五合）の隠居料を与えている。これは今の年金のようなものであろう。また、長男の長兵衛は三両二人扶持で、すでに下料理人として勤めていたが、親次五右衛門の俸禄と同じ、五両五人扶持を相続させた。また、次男の甚兵衛も、親の次五右衛門の働きがよかったからと、兄長兵衛の俸禄の三両二人扶持をそのまま受け継ぐことになり、新たに召し抱えられた。甚兵衛はどこかで修行していて、料理の技術を磨いていたのかも知れない。

三両二人扶持　次五右衛門二男
　石火屋甚兵衛
親次五右衛門、数十年相勤め候につき、甚兵衛儀、この度めし出され、御扶持、切米、之を下さ
れる。

次五右衛門一家にとっては全くおめでたいことで、次五右衛門の人徳とでもいうべきだろうか。次五右衛門はやがて、一年後の元禄四年十一月に病死している。七十歳を越えていたことだろう。若年から先代藩主に仕えて、やがて料理人となったものであろう。

十六年後の宝永三年（一七〇六）の分限帳によると、長兵衛は俸禄はそのままだが、下料理人から御料理人へ出世している。しかし二男の甚兵衛の名前は見えず、同じ俸禄で下料理人に石火屋助之丞という名前が見える。甚兵衛に何かの事故があって、それに代わる人でもあったろうか。

また、長谷川五郎兵衛という料理人も、年老いて勤められなくなったということで、御役御免を願い出て、隠居の扶持を頂戴している（延宝四年　一六七六）。しかし、料理人の誰もが次五右衛門、五郎兵衛のように、老後安泰《あんたい》の扶持を頂戴できたものであろうか。

延宝二年（一六七四）のことだが、料理人の三林孫兵衛は五十九歳で目が見えなくなり、津嶋勘右衛

門は五十四歳で筋気（筋肉がつる病気）となり、相馬与左衛門、岩本勘之丞、葛西嘉左衛門の三人は、長の病でそれぞれお暇《いとま》を遣わされたとある。これらの人たちも扶持を頂戴できたものであろうか。

ところで、信政の不興を買った運の悪い御料理人もいた。信政は、高い身分ではない御料理人に会うことはめったになかったろう。しかし料理にはうるさい信政には、毎日の料理を調える料理人は、同程度の他の身分の者に比べたら、身近な存在であったのではないか。信政が召し上がる、そのときどきの料理は、それを作った料理人の顔でもあったのだから。料理の好悪によっては、信政が内緒で信頼し、贔屓《ひいき》にする御料理人もいたことだろう。

小川金太夫という御料理人は、信政に料理がほめられ、黄金一枚（十両）を頂いたことがある。大きな栄誉だったろう。金太夫は格式高い、鶴の包丁も披露した腕前をもっている。ところが、今度は二年後に、信政の大きな不興を蒙むる。

天和二年（一六八二）九月十二日

今晩、夕御膳の御料理、小川金太夫仕《つかまつ》り候ところ、殊の外、不出来いたし御呵《しか》り、御意の趣《おもむき》（堀）伝左衛門（が）、金太夫に申し渡す。（略）その外《ほか》御膳奉行（御膳番）三人、板の間の者まで、残らず申し渡す。

ここでは、料理の不手際で金太夫だけではなく、御膳番、板の間のものまで叱られている。御料理に何があったのだろうか。やがて、翌年の五月、信政の参府に従った金太夫だが、江戸で御暇を出されている。

日々の料理が、直接信政の評価にさらされる、料理人の立場も哀れである。

『国日記』に貞享《じょうきょう》の頃より、御料理人の谷長左衛門という人の名前が、度々見えて活躍している。信政が江戸から連れて来た人のようである。初め二十両七人扶持であったが、後に百五十石七人扶持となり、御台所頭も勤めた。御料理人にしてはすこぶるよい待遇であった。しかし元禄八年（一六九五）の大凶作で、御暇となった人である。

明和二年（一七六五）に今通磨という人が信政時代の事績を記した『奥富士物語』というものに、御台所頭の谷長左衛門のことについて、おおよそ次のように記されている。

「信政の代に谷長左衛門という料理人がいた。初め金二十両七人扶持で召し抱えられたが仕事がよくできた。（後に百五十石七人扶持となった）しかし、ただ水料理、袱紗料理一通りであるという。この人はきわめて包丁名人といわれて、その捌《さば》きは、はなはだ見事であった。あるとき、船中で御料理のときに、砂鉢《さはち》（大きな皿鉢）を真名箸《まな》（魚を料理するときの長い箸）にはさみ海の中で洗ったという。その業《わざ》に見る人が目を驚かし、信政もご覧になりご感じになられたという。しかしながら危ないことであるとの御意の由が伝えられた。もっともお大切な御器物扱いであるので、その業なれども不可なりと戒《いまし》めておいた。」というものである。
○袱紗《ふくさ》料理は本膳料理を略式化したものといわれる。本書に現れる一連の料理は本膳料理である。
○谷長左衛門は、ただ一通りの料理をする者という感があるが、実際には信政に命じられて、古式の本膳料理である七五三というものの正月料理を作っている。また御料理人たちに七五三の料理についても指導もしている。有能な料理人ではなかったかと思う。

これは料理とは、全く関わりのないことだが、信政が、かつて自分によく仕えた、お志満という女の困窮を聞いて、扶持を与えている。信政の人間性の一面を見る思いがし、これを付記しておく。

延宝二年（一六七四）十一月二十四日

笹木庄左衛門、後家、お志満に五人扶持をくだされる。御幼少（信政が）の時分に召し仕えられし者に候。只今は年罷り寄り、住む所も不自由の儀、（信政の）耳に入り、御不便《ふびん》に思召《おぼしめ》しなされて之を下される。

お台所には御料理人、下料理人がいて、その下には、板の間の者、仕出し料理人がいたことをすでに述べた。仕出し料理人（仕出し賄人とも）は御台所手付足軽に属していて城中工事の人たちの賄いをしたり、藩が扶持する人たちのために食事を作って届けたりしていた。元禄十年（一六九七）の分限帳には、板の間の者は、小頭《こがしら》新六、並《なみ》傳助、八助などと名前が見える。他方、仕出し料理人は出身の村名を冠して、例えば福岡村権三郎、五林村三四郎などと見える。この人たちは郷士であったようだ。信政の江戸登りには、料理人たちとともに、板の間の者も、仕出し料理人もしたがった。江戸屋敷においても、仕出し料理人のような人が必要だということだろう。

先にも記したが、いま少し御台所について述べてみたい。御台所は城中の食を司る中枢であり、元禄十年（一六九七）には、御台所頭をはじめ、御料理人など様々な職種の人たちが八十二人もいた。他に御台所の組織とは別に、御膳番という役職があり、これは中級の藩士があてられ、藩主の食膳の毒味などをしていた。食膳の異常を見逃したときには、厳しく処罰された。

御台所では、藩主のための日常の食事の用意をはじめ、城中に勤める人々の食事作り、藩主の度々の会食や、行事のための食事の用意をした。また、城中工事の人々への賄い、江戸の藩邸へ登らせる魚鳥をはじめ、様々な食物の加工、貯蔵なども行われていた。

信政の生母久祥院が住む北の郭には、腕のいい料理人が複数いたようで、須藤市左衛門、葛西次郎兵衛という人の名前が見える。本城の御台所とは別に、独立して久祥院に食事を作っていたようだ。

主な食料の供給は、御台所からなされたものと推察される。信政から久祥院への様々な食物などの進物も、御台所がいちど預かってから届けられた。ときには本城の御台所で、筋子が払底したということで、久祥院のもとから筋子が融通されることもあった。

また、御台所の所属ではないが、町料理人と呼ばれる人たちもいた。この人たちは料理の技術を持って、町などに住む人たちであろうか。ふだんから御台所と、何らかのつながりをもっていた人たちであろう。町料理人は、お城で能を催すときに、食事作りの手伝いをしている。

これは、久祥院が没した後のものだが、久保田（秋田藩）からきた使者を接待するのに、料理作りを手伝う町料理人の名前が見える。

元禄十一年（一六九八）十一月二日

一　町料理人　　京屋次郎吉

竹村藤十郎
黒石町亦七
土手町久兵衛

そして、御台所も他の部署に違わず様々な人間模様を織りなす職場でもあった。この時期、御台所に関わる多くの人たちの名前が現れる。料理人のなかの一部だが谷長左衛門、小川金太夫、高津又市、塚本源内、石火屋次五右衛門などの名前がある。いずれも信政の信頼が厚く、優れた調理技術を持っていたであろうことが伺われる。

ところで御料理頭（御台所頭）の谷長左衛門、小川金太夫、高津又市などはそれぞれ信政の命により、鶴の包丁式を披露している。（鶴の包丁は他の料理人も信政の前でしている）。

「包丁式」は「式包丁」とも呼ぶが、元々は宮中の節会《せちえ》などに行なったもので、魚鳥に直接手を触れずに、真名箸と包丁を用いてこれをさばき、瑞祥の形に表現したものである。おめでたい「千年の鶴」は、切った鶴を千の字に、まな板の上に並べたものであった。谷長左衛門の包丁式は、この「千年の鶴」を勤めたもので、信政の高覧に供している。今日では料理をする人はすべてが料理人と呼ばれるが、古くは料理を司る者は、包丁人と料理人とに分けられていたという。包丁人の事は古《いにしえ》より、貴顕《きけん》の人々もこれを学び、包丁人と料理人との間には大きな階級差があった。包丁人は、儀式一般から、料理の演出法、調理法に熟知している人で、その下にいる料理人を指導する立場にあった。包丁式は料理人であれば、誰もができるというものではなく、料理流派の格式のある人だけが、許されていたようだ。（『日本料理由来事典』）

鶴の包丁式を勤めた谷長左衛門などは、上記の包丁人に相当する人であったろうか。谷長左衛門は、料理が巧みな一方、百五十石取りで御台所頭でもあった。だが元禄十年の分限帳にはその名前がなく、元禄八年の大凶作で人員整理をされている。惜しい人と思う。ところで、現在の包丁式は、鶴は天然記念物のために使われず、魚の鯉が使われている。

元禄三年の十二月には、信政は、谷長左衛門に、正月朔日の献立は「本式の通り（古式の）七五三の献立とするように」と命じている。そして、同じ元禄三年（一六九〇）暮には、谷長左衛門は信政に、正月三ケ日の料理献立を差し上げた記事が見えることから、正月の儀式の献立は、信政の命により、谷長左衛門が担当していたのだろう。弘前藩庁日記の関連記事からは、谷長左衛門の有能さが伺われ、信政の信頼が厚く、重用されていたようだ。ちなみに、元禄四年正月三日の謡初めの席にも、長左衛門は連なっている。

小川金太夫については、「殿様のお嫌いもの」に記した信政に差し上げた夕御膳に不手際があってお呵りを受けている。そして後に暇を出されている。

高津又一については、鶴の包丁の外に、多くの記事が見られないが、延宝六年（一六七八）には、最勝院参詣の信政に従っている。また、延宝九年（一六八一）には、小川金太夫とともに揃って、江戸参勤の信政に従っている。

塚本源内は料理が上手で、仕事ぶりも熱心だと、ご褒美に二度も銀を頂戴している。

信政が浅虫へ湯治の際にはお供をしており、この人も、お気に入りの御料理人であったのだろう。

また、信政が二の丸の巽《たつみ》の櫓《やぐら》で、八幡宮の御祭礼をご覧になったときには、お膳番とともに御料理人として塚本源内がお供に控えている。御台所から差し上げたお料理、お菓子などに手落ちがないように、安全と責任を確かめていたのだろう。なお、この日のお料理、お菓子はつぎのようなものであった。

貞享三年（一六八六）八月十五日

御櫓《やぐら》へ差し上げ候御菓子

一　あん餅　一重

一　大豆粉餅　一重

一　赤飯　一重

一　煮染《にしめ》　串海鼠《くしこ》(1)

串蚫《あわび》(2)

薯蕷《じょよ》(3)

椎茸

御提重《おさげじゅう》(4)　徳利二、御酒入　葡萄酒《ぶどう》(5)

桑酒《くわざけ》(6)

一　御菓子辨当《べんとう》　かすてら(7)

ぎうひ(8)

干菓子色々

一　御菓子、御煮染は、お供の面々に残らず表坊主まで之《これ》を下される

一　御辨当外《ほか》、御相伴前の御弁当十五人前
一　御膳番　　豊嶋勘左衛門
一　御料理人　塚本源内

〔注〕
(1) **串海鼠**（くしこ）　海鼠《なまこ》の腸を除いてゆで串にさして干したもの。
(2) **串蚫《あわび》**　蚫をゆでて干したもの。
(3) **薯蕷《じょよ》**　やまのいも。
(4) **御提重**　いくつも重ねて、手に提げて持ち運びできる重箱《じゅう》。
(5) **葡萄酒**　ぶどうの果実に麹《こうじ》、蒸し糯米《もち》、焼酎、酒などを加えて作ったもの。今日の葡萄酒とは異なるものである。
(6) **桑酒**　桑の実のしぼり汁に、焼酎と砂糖を加えたものと、桑の樹、根皮で濃い煎り汁を作り、米麹を加えたものの二種類がある。前者であろうか。
(7) **かすてら**　厚さ、柔らかさ、おいしさなどは今日に及ばなかったといわれる。
(8) **ぎうひ**　(求肥《ぎゅうひ》)は糯米粉《もちごめ》、小麦粉、葛粉などに砂糖、水を加えて、火にかけ練り上げたお菓子。

同じ頃、久祥院も信政とは別に、二の丸の丑寅《うしとら》の櫓で、八幡宮の御祭礼を見ている。そして、やはり煮染やお菓子弁当などが差し上げられた。煮染やお菓子弁当のおいしさが伝わってくるようだ。

殿様のお嫌いもの

どこの職場にも就業規則のような決まりごとがあるが、昔の御台所にも御台所御定書《おさだめ》というものがあった。これは元禄六年（一六九三）に定められ、九項目からなっているものだが、今のことばで要約してみる。

一、御台所の作法を守ることを第一に心得、食材などを無駄に消費しないこと。

二、前々からお台所のことを定めた台帳があるが、この他にも気づいたことがあったら、遠慮なく上司へ申し出ること。

三、将軍家への献上品や、幕府の要人などへの贈物は、よく念を入れて吟味すること。

四、殿様の召し上がり物に、決して毒がましい物が入らないように十分に注意すること。

五、殿様の召し上がりものを用意するときには、御台所頭がその部屋に詰め、きちんとした盛り付けかたであるように見守ること。

六、御台所頭二人のうち一人は、早朝から八ツ時（午後二時頃）まで勤め、もう一人は夕食時（午後二時〜三時）から夜食が済むまで勤めること。

七、日頃から規律ある仕事をこころがけ、行いの善悪について尋ねられたときには、隠し立てをした

り、依怙贔屓《えこひいき》をしないこと。

八、仕事上で親類、縁者、他の役人、御用達の町人から、贈物、接待を一切うけないこと。

九、御台所回りは昼夜共に油断無く、火の用心に心がけること。

御台所の人たちには、出入りの業者などからの付け届けが禁じられているが、魚ごころに水ごころで、結構うまみもあった職場ではなかったろうか。

御台所の人たちが最も緊張するのは、藩主の食事作りであろう。決して毒物、異物がが入ったり、変質したものを差し上げてはならないのであるから。そのために御台所とは別格で、食事作りの流れを監視したり、藩主の食事を毒味する御膳番という役職があった。御膳番はある時期、御台所の人事にも関わっていたようだ。御膳番は百石程度の者がその役につき、元禄十年には六人がいた。たいてい二人一組でその任にあたったが、藩主が参府するときにも、あるいは藩主が領内を巡遊するときにも従った。また、寺社参詣などの外出先で、藩主のために食事を作る際にも、御膳番は先行して、食事の安全を確かめるようにした。その責任は、御台所の人たちにも劣らぬものであった。

しかし、御台所の人たちも、御膳番もどんなに注意を払っていたつもりでいても、思わぬ落とし穴があるものだ。『国日記』に、寛文十年（一六七〇）のこと、信政の夕食のお汁に、異物が入っていたことが記されている。

この日信政は、重臣たちに、前日の鷹狩りで得たひばりの料理を振る舞ったが、信政の御汁に黒いすのようなものが入っていたのである。信政は気付いて、すぐに御汁を替えさせた。酒宴が終わってから、大変不調法として、関係者を厳しく処分した。

御膳番の新屋縫殿之丞は、重い罰の逼塞《ひっそく》（家の門を閉ざして昼間の出入りを禁ずる）を命じられ、他は押込め（逼塞とほぼ同じで、身分の低い武士に対する罰）、預け（他家に預けて謹慎させる）、遠慮（自宅で謹慎する）などの罰であった。新屋縫殿之丞は、その後十九日ぶりに逼塞を許されている。

ちなみに、ひばりの料理には、その肉を煎酒（酒に梅干、鰹節《かつおぶし》を加えて煮詰めた調味料）や醤油でさっと煮たものや、これを鍋に加えて、汁に仕立てたものなどがある。また藩の御台所では塩辛にも加工している。

次は元禄十一年（一六九八）のこと、信政のお嫌いものをお料理に差し上げたことで、御用人、大目付を通して、御膳番、御台所頭が厳しく叱責されている。信政に差し上げてはならないことになっていたお嫌いものを、誰もがうっかり確認を怠ってしまったのである。ここでは、それがなんであったか記されていない。以下殿様の叱責を要約してみる。

御膳番の本多四郎左衛門、吉村弥三左衛門、一町田左太夫、土岐八右衛門の四人へ（当番でなかったお膳番の人たち）

おのおのの勤め方は、兼てから殿様のお心に応《こた》えていない。殊に近頃は同役の人が多くいるのに、よく話し合い、どのようにも殿様のお心にそうべきところを、そのようにせず普段からよろしくない。殊におのおのが差し出した誓詞の前書きにも、お料理に毒がましいものが入らぬようにと、兼《かね》がね気をつけるようにとある。それなのにお料理人がなにをしているのか、お料理物も見届けず、お料理人の好きなようにさせて不届き千万でる。これからも重ねて、今までのように勤めてはよくないので、以後はしっかり勤めるようにと、大目付の磯谷十助が出座して、これを申し渡す。

当番の御膳番久慈新五兵衛へ

殿様が御膳番の勤め方がよろしくないと、かねがね思っておられる。昨晩お夜食を差し上げたとき、御料理人の奈良甚助が、殿様のお嫌い物を差し上げ、不届き千万なことである。殊にその方は当番として毒味もしたのに、何々をお料理にしたのか吟味もせず、しかと見届け、聞き届けもしないでそのまま差し上げ、不調法なことである。

近年同役も大勢いるので諸事相談し、入念に勤めるところを不断から油断していると聞いている。そして夫々の誓詞にも、諸毒がましいものはいうに及ばず、諸事大切にしますと誓約している。それなのに御料理人がどんな料理を作って差し上げるのかも、見届けもしないで無調法なことである。これよりご奉公を遠慮するように。しかるべき旨を家老が申されるということである。（大目付磯谷）十助出座してこれを申し渡す。

御料理頭（御台所頭）木村久兵衛、坂本門之丞へ

御料理人奈良甚助が、昨夜殿様にお夜食を差し上げたとき、かねてから殿様がお嫌いなものを差し上げてしまい不届き千万である。いいわけをするまでもなく不調法者である。これよりきつく

注意するところだが、まずそのことはご容赦され、かならず押込めにするようにと殿様のご意向である。

また殿様は御台所頭の勤め方もよろしくないと思っておられる。坂本門之丞は兼ねてから料理心がない。木村久兵衛は前回も勤めており、今回のことを随分念入りに申し付けるようにと思っておられる。この上は両人がよく話し合って、殿様の御料理をよく吟味して差し上げるようにと、きっと申し付けるものである。（大目付磯谷）十助出座にてこれを申し渡す。

当番ではなかった四人のお膳番も、「今後はよく役目を果たすように」と連帯責任を問われて叱られた。当番の御膳番、久慈新五兵衛へのお叱りはかなり厳しいものである。「大変無調法なことであるとして、処分がでるまで勤めは遠慮するように」と、とりあえず謹慎を申し渡されている。

御料理頭へは、意外に軽いお叱りであった。「今後は二人ともよく話し合い、お料理をよく吟味して差し上げるように」というものであった。

御料理人の奈良甚介は身分が低いためか、大目付からの呼び出し、注意は記されていない。なお、この出来事に御近習小姓の千葉造酒之助という者は、その役を解かれている。

この後、久慈新五兵衛と奈良甚介（助）の二人には、連絡係りのような通用人が付けられたことから、重い罰をうけて、しばらくは出仕できなかったようである。

また、藩主の御汁に髪の毛が入っていたこともあった。このときは、御膳番が藩主が召し上がる前に発見して、これを藩主に報告したようで、格別のお咎めはなかった。

御能の料理

藩主信政は能楽に親しみ、江戸、大阪から有能な役者を招いている。これらの役者は家中《かちゅう》、町人にも稽古をつけ、有能な者は江戸に登り、家元に入り、さらに芸を磨いた。こうして御能は国元にも普及し盛んになっていった。元禄十六年(一七〇三)正月に、御能を務めた役者の数は六十二人にも及んでいる。信政は式楽《しきがく》として度々御能を催し、その際に生母の久祥院を招いているが、ときには久祥院をお慰めするのが目的の御能が催されることもあった。久祥院は多く女中たちにかしずかれ、北の郭に住み、その屋敷は厳重に警護されていた。天和三年(一六八三)には上臈《じょうろう》が十二人と、御仲居が四人、御半下が十二人の女性たちがいた。久祥院の女中は、美しい女性が集められていたことが『国日記』にうかがわれる。

御能は朝から夕まで一日がかりで催されることもあり、火事などの不測の事故に備えて、お城は厳重に警備された。

延宝二年(一六七四)十月十八日に、久祥院は少し内輪の御能見物に招かれて、朝の五ツ時分(八時頃)にお城に入っている。そして簾《みす》のなかで干菓子、まんじゅう、すえは餅(羊かんと黒砂糖の餅を重ねた棹ものか)などのお菓子を差し上げた。この日の御能は三番目が終わって中入りとなり、久祥院に御寒食（ひやめし）と御汁と五菜の料理を差し上げた。御能は八ツ過ぎ（二時過ぎ）に終わった。

この後、しばらくして久祥院には、夜食に二汁七菜の料理を差し上げた。やはりこの時も、信政とその兄弟は久祥院より格下の料理二汁五菜であった。信政はこの他、久祥院のお供の女中（上臈）、御仲居にまで料理を下さった。女中には一汁五菜、御仲居には一汁三菜をそれぞれ下さった。この日は、久祥院は六ツ前（六時頃）前に北の郭に帰った。

延宝二年（一六七四）十一月三日、本丸の南側に完成した能舞台の、初興行の二日目に、信政は久祥院を御能見物に招いている。北の郭から本城までほんのわずかな距離だが、この日もお迎えの使者がきて、久祥院は駕籠《かご》に乗り大勢の供を従えて出かけた。

本丸御殿の裏玄関には、信政の重臣が控えていて丁重にお出迎えした。久祥院は六ツ半（午前七時頃）にお城に入り、書院の最も上座の簾《みす》の中に着座した。そして御能が始まるが、信政の兄弟の夫人、先の藩主の側室であった長泉院(悪戸御前、信政の腹違いの弟の母)同じく善久院らとともに御能を見物した。久祥院着座の場所は、本来ならば信政の座る場所だが、この時には、信政は下座となる隣の部屋に着座していた。御能見物の場所は、久祥院・信政を頂点に、信政の身内、津軽家一門、家臣などが各身分によって屏風などで仕切りをしたり、部屋が違っていた。

御能の四番が終わると、中入りとなって料理が出てくるが、料理の内容も身分によって異なった。この日の久祥院のために、用意された料理は、本膳料理の三汁十菜、他に御吸物、御肴二種、御菓子というものであった。なおこの日の信政の料理は、久祥院よりも格下の二汁七菜であった。信政は前日の御能見物で三汁九菜の料理を召し上がっている。（九菜と十菜の違いは、漬物を、数える数に入れるか、入れないかの違いで、久祥院の十菜と信政の九菜は、料理の数は同じと考える。）そして、この日の長泉院、善久院の料理の数は、信政の兄弟たちの夫人と同様に二汁五菜と御肴一種と御菓子で、信政の生母久祥院と比べて格下になっている。

かつて久祥院も同じ信義の側室であったが、藩主の生母となって、他の側室とは身分に大きな隔たりが生まれていた。長泉院の長子、兵庫は信政よりも先に生まれていたという説もある。信政は本来、権力者の頂点にあって、誰よりも格上の膳組みでなければならないのだが、この日は生母にへりくだり、料理の心配《くば》りによっても、生母に深い敬愛の心情を表現し、これを他に印象づけているのだろう。藩主のこうした行いを目の当たりにした家臣たちも、久祥院に対して自然に崇敬の念を深めることだろう。

この日の御能は申《さる》の下刻（夕方六時近く）に終わった。そして信政から久祥院へご祝儀として、小袖一重、白銀十枚、御箱肴一種が進じられている。また久祥院からも、この朝に、お城に入って間もなく、用人によって、ご祝儀が信政に進じられている。それは御杉重（杉の板で作った重箱でお菓子を入れて贈物に用いられる）一箱、鰹節一箱、昆布一箱であった。なお、長泉院、善久院へのご祝儀は白銀一枚であった。生母久祥院へ差し上げた白銀十枚と比べるべきもない。久祥院が帰るとすぐに信政から、北の郭へ重臣が御礼の使者として遣わされた。このような時、信政は翌日に改めて久祥院へ御礼の挨拶に伺うことが多い。こうした儀礼は信政と久祥院の間で習慣のようになっている。

ところで、先にのべた十一月三日の御能には、町人の見物が許されたが、この日の天気は、とき折雪が少しずつ降るというあいにくの空模様であった。町人たちの見物の場所は屋外の御白砂《しらす》でもあり、寒さに震えたことだろう。町人の見物は中入りで入れ替えとなり、中入りの御能終了後にお菓子が配られた。

家中の御能見物には、見物の場所、料理などに、身分により差別があったが、町人に対しても同様であった。天和二年（一六八二）十月十一日に行われた御能には、弘前城下をはじめ、津軽領内からも、大勢の町人たちが見物を許された。この日の天気は曇りだが、町人たちの見物の場所はもちろん御白砂であった。

この時、町人たちは三つの階級に区分され、敷物と料理に違いが見られる。一番上は町年寄りと各町の名主、小役人などの組であった。敷物は畳で、料理は赤飯、鮭の切焼き小串と、ごま塩をへぎ（足のない小さなお盆のようなもの）にのせたものを頂いた。

次の組は、研ぎ屋、仕立て屋、お菓子屋、瓦屋、鍛冶屋などの職人たちで、敷物は薄縁に変わり、料理は赤飯、ひきさきするめ、ごま塩で、肴は「鮭」ではなく、「ひきさきするめ」に変わっている。一番下の組は、刀鍛冶、畳屋、表具屋などの職人の弟子たち、時鐘つき、月行事《がちぎょうじ》（毎月交代で村や町の行事を世話する人）たちで敷物は莚《むしろ》になり、料理は赤飯とごまめ（かたくちいわしの幼魚を干したもの）であった。この組にはごま塩はなかったが、もしかしたら書き落としたのかも知れない。この時代はかくまで階級化、差別化が厳しいものだったのだろう。そして御能の際の大勢の賄いが大変だったろうと思う。町料理人も呼ばれて手伝いをしたことであろう。御台所の人たちの多忙さと苦労が想像される。

久祥院の後段の料理のなかには、当時の江戸料理に現れているものがあるので、そのいくつかをあげてみる。

○**水飩**（すいとん）　葛の粉を水で練り、幅六ミリから一センチ位、長さ十センチ位に切ってゆで、みそ汁などでうどんのようにして食べる。ここでは一通りの酒食が終り、最後の口なおしのような後段に用いられている。（参考『料理物語』一六四四）

〇すすりだんご（すずりだんご）もち米粉六、粳米《うるち》粉四の割合で、水で柔らかくこね、むくろじの実（昔、数珠にした）位にして小豆粉で煮たもの。（参考『料理物語』一六四四）

〇すいせん 葛粉を水に溶き、すいせん鍋に湯を沸かし、溶いた葛粉を入れて、固まってから水に入れて冷ます。うどんよりも細く切って汁を加える。（参考『料理物語』一六四四）

〇薯蕷麺《じょよめん》 粳米の粉と、山の芋をすったものとをよく混ぜ合わせて、うどんのように細く切ってゆでて、汁を加える。（参考『和漢精進料理抄』一六九七）

〇けいらん もち米粉六、粳米粉四の割合で、粉を水でこね、中へ黒砂糖を包んで、きんかん位の大きさに丸めて煮る。汁はうどんと同様にする。（参考『節用料理大全』一七一四）鶏卵は青森県野辺地町、下北地方の郷土料理だが、ルーツは案外この辺りにあるのかも知れない。久祥院の料理の後段には、その他にそば、うどんも使われている。

大鰐の菜園

信政の時代、今の大鰐町に弘前藩の菜園場があった。ここでは、米、野菜、果物などいろいろな作物

がつくられていた。今も温泉熱を利用して作られる大鰐もやしは、よくその名前を知られている。また、久祥院には、ここで栽培された七種《ななくさ》が届けられた。

季節に先がけた、いわゆるはしりの野菜や果物は大いに珍重されるが、ここ大鰐では津軽のどこよりも早く、野菜、果物が初物の実りをあげて、藩主信政や久祥院に差し上げられた。これらについて『国日記』の中に、多くの記事がみられるが、そのうち、いくつかを挙げてみる。近年促成栽培が盛んになって、野菜や果物の季節感がなくなってしまったが、ここ大鰐の実りは昔であっても早いと思う。

①延宝四年(一六七六)五月二十三日

初なす五、大鰐湯ひじり(湯守り)四人の者上るところ、例年より早きよし仰せ出だされ、御褒美として銀子四十文目くださる。(信政在国)

②延宝九年(一六八一)五月八日

黄瓜《きうり》十、大鰐湯ひじり四人より上るについて、毎年の通り右四人に銭十文目ご褒美として遣わす。右の黄瓜十、久祥院様へ上る。

信政はこの年三月、江戸へ発駕して不在。

③貞享元年(一六八四)六月十七日

初真瓜廿七、大鰐御菜園畑より出来、そく浅虫へ差し上げる。(信政在浅虫)

④貞享元年(一六八四)六月二十四日

御菜園畑より真瓜上がりしだい、残らず久祥院様へ進られ候間、差し上げ申すべき由、(略)そく、那須遠江守様瓜十二、鼠瓜十五、南原十七、山上瓜三、加年こ瓜三、御紋瓜五、府中瓜九、惣数六十四、久祥院様へ差し上げる。（信政在浅虫）

那須遠江守様瓜は、信政の三男主殿《とのも》が、大名の那須家に養子になっているので、そこから分けてもらって育てた瓜ということだろう。

⑤貞享三年（一六八六）五月二十八日

大鰐御菜園畑初なす七、差し上げ候につき、久祥院様へ差し上げるべき趣申し渡す。

①は、この時は信政は在国していて、初物はまず藩の主《あるじ》に差し上げられた。湯ひじりたちは連れだって初物を差し上げ、ご褒美を頂くのが習わしとなっているようだ。

②、⑤は信政は江戸にいて不在だが、そのようなときには初物はすべて、あるいは一部が久祥院へ差し上げられている。信政は自分が在府のときには、初物はまず久祥院に差し上げるようにと、留守の者に命じてあるのだろう。

③は、このとき信政は、浅虫で湯治していたが、まず御台所に収めてから、急遽藩主のもとへ届けられている。久祥院は初物の受け取りを遠慮したのかもしれない。

④は、浅虫の信政に、初物が届けられて七日後のことだが、次に菜園から上がった真瓜は、残らず久祥院へ差し上げるようにと命じ、多くの瓜類が差し上げられた。瓜に色々な名前があるが、どんな種類の瓜なのかよくわからない。

また、真瓜は真桑瓜《まくわ》ではなく、別の項には真瓜と真桑瓜は種類を分けて記されている。

真桑瓜《まくわ》は半世紀くらい前までは、この辺りでもよく親しまれたものである。今のメロンよりはずっと小ぶりの楕円形で、黄、緑色などの縞があり、甘みがあっておいしい瓜である。あとで述べるが、真瓜は塩をして江戸に送られていることから、真桑瓜のような果物ではなかったようだ。『国日記』には、大鰐の菜園から上がるものに、この他に、大角豆《ささげ》、長大角豆《ながささげ》、夕顔、唐茄子（かぼちゃ）蜜柑瓜、独活《うど》、唐柑子《こうじ》（柑橘類）、蕪《かぶ》ら、唐がらし、すいか、蓮いもなどの名前がみられる。他に柚、蜜柑《みかん》などの柑橘類の栽培も試みられている。

また、ここではずいぶん早くに初米が上がる。元禄四年（一六九一）には、七月廿一日に、御台所に初米が届けられ、江戸にいる信政と、久祥院にも差し上げられている。そして初物のわずか数個のなす、きゅうりが御台所で粕漬けにされ、小箱にいれて江戸まで飛脚に託された。

貞享四年（一六八七）五月二十一日
大鰐村御菜園畑より、初真瓜三、奉行三上惣兵衛これを差し上げる。右の内二は、江戸へ差し登らせ申すべく候の間、入念に塩瓜に差し置き仕り申すべく候、相残る壱《ひとつ》は久祥院様へ差し上ぐるべき旨。（略）
貞享五年（一六八八）五月二十九日
きうり五、大鰐御菜園場より上る。うち三つは粕漬けに仕《つかまつ》り置き、追って江戸（信政）へ差し登らせ申すべく候、二つは久祥院様へ差し上げ候へと、御台所役人　竹森助之丞へ申し渡す。
貞享五年（一六八八）六月十九日

大鰐御菜園よりなす五つ、白うり二つ、隠元ささげ豆差し上げる。右のうち白うり一つ、なす三つ、ささげ豆糟《かす》漬にいたし、追って江戸へ差し登らせ申すべく候、その外は久祥院様へ差し上げ候ようにと御台所役人へ申し渡す。

貞享四年（一六八七）五月二十一日

大鰐村ご菜園畑より、初真瓜三、御菜園奉行三上惣兵衛これを差し上げる。右の内二は、江戸へ差し登らせ申すべく候の間、入念に塩瓜に仕《つかまつ》り差し置き申すべく候、相残る壱は久祥院へ差し上ぐるべき旨。（略）

江戸は津軽に比べて、季節的にもずっと早くに、新鮮な野菜が出まわるはずである。それなのにわざわざ漬物にしてまで、津軽で収穫した初物のなす、きゅうりなどを召し上がるのは故郷をしのぶ儀式でもあったのだろうか。また故郷の初物を食べる喜びを、久祥院と共有し、遠く生母をしのんだものであろうか。信政のこだわりは何であったのだろうか。

津軽での真桑瓜は、真瓜にずっと遅れて実ったようである。塩漬の真瓜を江戸へ送ったおよそ四十日後に、町の市へ初熟瓜三つが出たので、御台所がこれを買い上げて、さっそく久祥院へ差し上げている。熟瓜とは真桑瓜のことであろう。大鰐からの初真桑瓜を待ち切れなかったのだろう。その翌日に、大鰐の真桑瓜が届き、久祥院へ差し上げられている。

ところで、今もずっと大鰐町で大豆もやしが栽培されているが、ルーツは寛永の時代頃までさかのぼるといわれる。種は小八豆《こはち》というものである。独特の香りと歯触りがよく、おいしいもやしである。「大鰐もやし」として町おこしにも利用されている。しかし、もやし作りの作業は厳しく、今も少数の生産者が作り続けているが、生産量が少ないので、すぐに売り切れてしまう。

さて、大鰐の菜園から上がる野菜、果物は湯ひじり（湯聖）によって藩主に差し上げられた。湯ひじりは大鰐にある藩主のお仮屋の湯を管理していた。また、大鰐菜園を守る御菜園守でもあった。

この頃、湯ひじりには、加賀介、惣左衛門、与左衛門、嘉兵衛などの名前がみえるが、加賀介が首席湯ひじりであったという。この加賀介は、かつて大鰐の有名旅館であった「加賀助」の先祖である。

次は、約三十年前に「加賀助」工藤家の工藤能富さん（当時七十六歳）にお聞きした話である。あくまでも伝承であるが真実味もあるように思う。

「先祖の加賀助は、加賀の国、富樫氏の家臣で、豪族の工藤助弥という人で、戦に破れて津軽まで落ちてきたのだという。何代目かの加賀助は、隠れ忍者として、忍者をたばねていたという。ある時、正月に湯治していた信政の前の藩主信義に、七種《ななくさ》を献じたことから、引き続き藩主に七種を献ずることが習わしとなったというものである。工藤家の大切な年中行事に、正月の七日（六日か）に、信政をまつる百沢の高岡神社に、七種を献ずる習わしがあったという。それは藩政時代が終わるまで続いたという。七種《ななくさ》はつり台にのせ、四人の男のうち二人が組になって担ぎ、早朝に出発し、高岡神社まで届けたという。」

献上の鮭・鱈

大鰐の菜園から、野菜や果物などの初物が、たびたび藩主の信政、生母の久祥院に献じられたように、鮭、鱈もその季節がくると決まって献じられる魚であった。また、鮭、鱈は将軍家、幕閣などに献上、進物にされる大切な魚でもあったことが『国日記』に記されている。

初鮭は早い年には、旧暦の七月下旬に上がることもあった（寛文九年＝一六六九）。鮭は海のものとは限らず、川から上がるものもあった。初鮭を献じた者には、当然ご褒美が下された。延宝五年（一六七七）には、一番鮭が銀十五文目、二番鮭は十三文目、三番鮭は十文目のご褒美と決められている。しかし、元禄二年（一六八九）の二番鮭のご褒美は二歩（二千文）となっている。この年には次のように初鮭が献じられた。

八月二日
初鮭一尺（一尾）、西の浜漁師頭、内山仁兵衛、長谷川清兵衛より御台所へ差し上げる、右の鮭追って江戸へ差し登らせ申すべく候。（略）

八月十日

二番鮭一尺、鯵ケ沢御肴奉行、内山清兵衛、長谷河二兵衛（長谷川仁兵衛）より差し上げる（八月二日のものと二人の姓名が入れ代わっているが原文のままとする）。

八月十一日

三番鮭壱尺、町田村百姓、助右衛門と申す者、昨晩取り候の旨、（略）御台所へ指し上げ申すべき旨申し渡す。

八月十四日

四番鮭壱尺、追良瀬村の孫左衛門と申す者差し上げる、右の鮭、久祥院様へ差し上げるべくの趣、竹森助之丞（御台所頭）に申し渡す。

この年、江戸にいる藩主信政のもとに、一番、二番、三番の鮭三尾をまとめて、初物として、飛脚をもって献じられた。四番鮭は久祥院に差し上げられた。ところが、江戸へ差し上げた鮭のうち、西の浜から上がった一番取りのものは、開いてみたら骨が離れ、臭いもして、とても料理にならないほどに鮮度が落ちていた。あとで御台所頭は注意をうけたが、十日近く置いたものを、さらに十日もかけて届くのであるから、変質していても当然かも知れない。冷蔵庫のなかった昔、井戸にでも吊して保存したものであろうか。

元禄四年（一六九一）には、青森で初鮭を買い上げたが、あいにく南部の産のものであった。江戸の信政には送られず、その旨を久祥院に断って差し上げられた。初物もあくまで弘前藩のものに限るというものであったようだ。

貞享元年（一六八四）の八月、信政は西海岸、新田地方を巡遊しているが、この年には八月二十一日に西浜の照田村という所から上がった二番鮭、二十二日に新里村（現在は弘前市）から上がった三番鮭が、滞在先の信政に献じられている（このとき一番鮭の記録はなかった）。一方、信政からは、八月二十二日に滞在先の十三から、久祥院に鮭が差し上げられている。信政がわざわざ、久祥院のために用意したものである。信政の心遣いが感じられる。信政が使者に託した口上は、次のようなものであった。

久祥院様がいよいよご機嫌よく、お過ごし成されていることを、殿様がお聞き遊ばされ、ご満足しております。殿様にもご機嫌よく、昨日は十三村にご逗留されています。したがって、当所の初鮭一尺（一尾）を久祥院様に進じらせます。近々（信政が）お城へお帰りの節、こちらでの諸事を仰せ上げられるとのことです。（略）

このあと、貞享三年（一六八六）にも信政は久祥院に、巡遊先の鯵ケ沢から鮭を差し上げている。さて、将軍家などへ献上される鮭は、いうまでもなく十二分に吟味され、塩鮭に加工して献上された。搬送にもずいぶん心を砕いた。献上の鮭を運ぶ者たちには改めて、「道中随分入念に運ぶように」と申し渡しがあった。延宝三年（一六七五）に将軍家へ献上された鮭は五尾で、幕閣、要路には三尾から二尾が進上されている。

貞享元年（一六八四）には老中、若年寄の他、お側衆、お城御女中にまで進上されていて、各部署への付届けの気遣いが知られる。

将軍家へ献上される鮭の大きさは、長さが一尺九寸、幅五寸五分、というものであった。また、幕閣などに進上されるものは、長さが一尺七寸五分幅四寸五分というもので、いずれも少し小振りのものである。毎年献上するものが、その年によって大小の差があっては困るので、規格を小振りなものに決めていたようだ。

寸法がきっちりのものを揃えるのは、なかなか容易ではないのか、幕府に献上する鮭は五分、一寸位は小さくても苦しからずとしている。そして天和二年（一六八二）には、今後は江戸へ登らせる鮭は、将軍家献上の分だけは杉箱に入れ、他の幕閣などへ進上のものや、御台所の料理用は莚《むしろ》包みにして贈るとしている。ところが、その後の貞享元年（一六八四）には将軍家には杉箱のまま、他は桧箱と改められている。いざ進上の際には、莚包みのままではなかったろうが、やはり贈る体裁《ていさい》もあったのだろうか。進物用の箱材は桧《ひのき》よりも杉の方が上等だったようだ。

この頃、献上、進物、御台所用に江戸に登らせる鮭は、毎年二百尾を超えるが、お城の台所用のものも加えると、相当な数になったことだろう。貞享三年（一六八六）十二月には野内川での揚り鮭を、合わせて三百十一尾を仕入れ、その代金は六百十文目であった。これはお城の御台所用であったのだろう。

献上、進物用の鮭は、初鮭の後を少しずつ買いためて塩をしておき、十月頃にまとめて江戸へ送っている。良品を揃えるためか献上の鮭がなかなか集まらない年もある。献上鮭を取り揃えるまでは、市《いち》などへ脇商売をしてはならないと、在々へ達しを出している。脇売りも献上、進物用の鮭が集まらない理由でもあったのだろう。

ところで、鱈も、鮭とともに献上、進物の大切な魚であったことが、『国日記』に記されている。鱈も、鮭と同様に初物は先に藩主信政、そして久祥院に献じられた。元禄二年（一六八九）には、初鱈の一番が十月二十三日に外が浜から、二番が二十四日に青森から、三番も同日鰺ケ沢からそれぞれ上がっている。そして、二十七日には、初鱈の一尾が入念に塩をされて、早々と江戸の信政のもとへ飛脚をもって献じられている。

また、これより先の貞享二年（一六八五）には、三厩近くのアイヌが初鱈を献じ、これも塩をしてから江戸に登らせている。このとき、アイヌには銭一貫文（一千文）のご褒美を下さった。

延宝元年（一六七三）十月二十日
　外浜より初鱈壱本上がる、則、久昌院（久祥院）様へ上る。
延宝三年（一六七五）十月二十一日
　初鱈一尺、青森御肴奉行より上がる、翌日久昌院（久祥院）様へ進られる。
天和三年（一六八三）十月二十八日
　初鱈壱尺、御町市へ出で候につき買い上げ申す旨、御台所役人申し達し候につき、久祥院様へ御料理として、山田彦兵衛（久祥院のご用人）まで差し越す。
元禄元年（一六八八）十一月二日
　二番鱈青盛（森）より差し上げ候につき、例年のごとく、久祥院様へ差し上げ申すべき旨、竹森助之丞（御台所頭）に申し渡す。

天和三年（一六八三）のときには、浜から献じられるのを待つ以前に、鱈はすでに町の市へ出回っていたようだ。脇売りされていたのであろうか。これを御台所が買い上げて久祥院に差し上げている。久祥院には先んじて初物を差し上げることが、大切なセレモニーであったのだろう。

貞享二年（一六八五）には、鮭同様献上の鱈が揃わないうちに、青森から弘前に届くはずの鱈が、黒石で脇売りされていて役人を「沙汰のかぎり」と嘆かせている。そして以後は、青森で鱈が上がり次第、早々に弘前へ持参するようにと青森の町奉行に申しつけている。献上の鱈が揃わずに、長引くことへの苛立ちが知られるようである。なお、寛文四年（一六六四）十二月七日には、お魚払底につき鱈、ほた（ほたてのことか）、塩引、その外の魚ものを他国へ出すことを無用としている。

この時代、藩主自らが魚にも不自由していたようだ。翌年の寛文五年（一六六五）五月八日の『国日記』につぎのことが記されている。

「殿様ご着座遊ばされ、毎年のごとく、お膳肴遅々なく上げ申し候様御申しつけ、もっともに候。」と若き藩主信政自身が、魚が不自由なことに苦情を述べている。家臣は「漁師たちの都合のよいように申つけ、代銭はその時々に渡すようにし、役銀（税金）も少々安くして、物事をあまり面倒にせず、漁師の方から進んでお膳肴を差し上げられるように、申しつけたく存じます。」と答えている。魚の大小の規格が厳しかったり、支払いが長引いたり、買い上げの値段が安かったりしたのではないか。

しかし、この後も藩主のお膳肴は絶えるときがあったようだ。翌年の寛文六年（一六六六）一月十三日に、「お膳肴ふっとこれなき由につき、則、脇売りつかまらず、取りしだいきっと指し上げさせ候様にと、書状、手紙にて申し遣わすなり。」とある。

ところで、元禄三年（一六九〇）には、十月十日の朝に、鰺ケ沢から御台所に上がった初鱈一尾が、その日のうちに浅虫に滞在する信政に献じられた。さらに同じ日の夜、深浦からも鱈六尾が上がったが、その内の二尾がすぐに浅虫に送られた。

ところが二日後の明け方に、お城に浅虫の信政からの飛脚が着いた。それには一昨日に送った深浦の鱈二尾が託されていて、信政が改めてこの初鱈を、久祥院に差し上げるというものであった。ここにも鮭のときと同様に、信政の久祥院への心遣いが感じられる。また、十月十日に鰺ケ沢から初鱈を献じた漁師には、ご褒美として青銅《あおざし》三貫文（三千文）が下されている。

延宝三年（一六七五）に将軍家へ献上の鱈数は鮭と同様五尾であった。幕閣、要路（重要な地位の人）へも三尾から二尾が進上された。鱈も大きさが決められていて、将軍家には長さが二尺、幅五寸というものであった。幕閣などへの次鱈は、長さが一尺七寸から一尺五寸の大きさで、鮭と同様かなり小振りである。

信政は貞享三年（一六八六）から、献上の鱈に落ち度がないように自分の目で確かめようと、お城の「山吹の間」という部屋に鱈を飾らせ、家老、用人、大目付とともに確認している。これを整えた御台所の者たちの緊張ぶりは大変なものだったろう。これ以後、鱈に限らず、信政は献上の品々をお国でも、江戸でも確かめることになったという。

鱈は冬の魚だが、そんなに鮮度が長持ちするわけではない。産地以外では生鮮品を用いるのは困難なことであった。よって、遠隔の江戸に送るには、塩蔵になってしまうが、弘前藩の献上鱈の塩加減は、次のようなものであった。

一　塩　三合程

但し御献上鱈一本、漬水、漬塩とも

一　同　二升程

但し同箱詰めの節の詰塩

この塩加減ではかなりの辛塩であったことが知られる。盛岡藩は下北から上がる鮭、鱈を献上したというが、鮭は腹を割いて、腸を抜かずに多くの塩を詰め、また口からも多量の塩を詰めた。鱈も鮭同様に腹を割いて腸は抜かず、口と腹に多量の塩を詰めたという。献上鱈の塩の多さは、いずれも同じようなものであったのだろう。

しかし江戸藩邸消費の料理用では、塩加減に工夫が試みられていた。元禄四年（一六九一）には口塩鱈と無塩鱈が、二十五尾ずつ合わせて五十尾が送られている。また、この後の宝永四年（一七〇七）に、江戸に送られた二十尾の御料理鱈の内訳は、各五尾ずつ無塩と薄塩、十尾は辛塩というものであった。

鮭、鱈は将軍家に献上されると、やがて幕府から藩主あてに、「首尾よく披露をとげました」という奉書が届いた。

貞享二年（一六八五）十二月二十九日

塩鱈一折、之を進上候、首尾能《よ》く披露遂げ候、恐々謹言。　阿部豊後守（当時の老中）

久祥院の肴《さかな》

久祥院と信政の交流は愛情深くこまやかである。北の郭に住む久祥院は、北の御郭様とも呼ばれていた。若き日の信政は、北の郭へ頻繁に久祥院を訪ねている。信政はたびたび寺社に参詣しているが、長勝寺（津軽家の菩提寺）、報恩寺（かつて津軽家の菩提寺）になどの参詣のあとに訪ねることも多い。参詣の報告をするのであろうか。

お互いの使者も頻繁に行き来している。大雨で雷が鳴ったときにも、信政は生母を気遣い、お見舞いの使者を遣わしている。また、雪が降り寒さが厳しいことに、お互いにお見舞いの使者が行き来している。

延宝二年（一六七四）十一月十九日

信政から

久祥院様へ御使者、木村九郎右衛門、昨夜中より今朝にいたり雪ふり、殊のほか寒く申し候、御機嫌うかがい（略）。

久祥院から

久祥院様より御使い、兼平喜右衛門（久祥院の用人）御口上、昨今は雪ふり殊のほか寒く申し候、御機嫌よく御座なされ候や、（久祥院が）御聞きなされたく由仰せられ、（信政が）則、御返事あそばされる。

信政は江戸へ発駕のときにも、参勤から帰国した際にも、北の郭の生母のもとへ、あいさつに出向いている。久祥院は信政参勤のときには、別れを惜しみ、お餞別の品や料理を差し上げた。延宝三年（一六七五）には、久祥院は用人を遣わし、お餞別に小袖一重《かさね》、箱肴一種を差し上げた。（箱肴は慶事の贈物に儀礼的にそえるもので、するめ、干し鱈、かつお節、昆布などである。それが一品なら一種、二品なら二種となる。）そして信政も同じ日に、久祥院を訪れ、餞別の料理を召し上がっている。

信政は四日後に発駕するのだが、その前日にも生母へお別れの挨拶にでかけている。発駕の当日には、久祥院は信政に、お菓子に文を添えて差し上げた。また、信政が帰国の際にも、国境《くにざかい》の碇ケ関までお菓子を差し上げ、そして、信政が着城するとお祝いに箱肴を差し上げている。

参勤はたいてい三月に江戸に向かい、翌年の五～八月頃に弘前へ帰ってきた。寛文五年（一六六五）には、信政は、六月四日に江戸を発ち、六月二十一日に着城している。道中は十八日を要している。帰国した信政はすぐに生母の久祥院を訪ね、雑煮を召し上がっている。雑煮はふつう新年に食べられるが、昔は慶事には季節にかかわらず用いられた。久祥院も、数えで二十歳に成長した初々しい青年藩主の我が子と、一年ぶりに再会する喜びは大きなものであったろう。信政はそれからお城の表御座の間で、やはりお祝いの御膳を召し上がっている。

久祥院には持病があった。延宝元年（一六七三）には、「久祥院様ご持病ご再発遊ばされご様體、胸おどり、のどつかえ、ものいうことも難しく、息の終りめまい（略）」というような様子で、このときの病はかなり重かったようだ。そんなときに帰国した信政は、本来ならば、先にお城に入ってまずは着座するところを、まっすぐに北の郭に向かい生母を見舞っている。久祥院は延宝四年（一六七六）にも体調を崩し、食事ものどを通らず、「御不食のご様子」と帰国途中の信政に飛脚がとんだ。このときにも信政は帰国してまっすぐに、北の郭へお見舞いに向かっている。そして久祥院は六月の下旬に浅虫へ湯治にいっている。信政の弟玄蕃を始め、北の郭から上臈衆が六人、御仲居が五人、御料理人二人が従っている。浅虫にはこのとき二十日位滞在し、信政のおみやげに昆布、おっとせい、串蚫《あわび》が用意された。

信政は湯治や領内を巡遊したときに、その滞在先から久祥院に、度々お慰めの品々を進じている。延宝二年（一六七四）十二月に大鰐に湯治した時には、冬菜、蕗のとう、大豆もやし、雉子を差し上げている。（冬菜は小松菜のこと。大豆もやしは、今も大鰐で温泉熱を利用した栽培がつづいている。これらの野菜は正月に、藩主へ七種として献じられている。）

信政は久祥院の存命中に浅虫にも湯治をし、その間、新田、西浜などを巡遊している。そして浅虫やその滞在先から、久祥院に色々な魚類を差し上げている。しかし、魚類以外の品もあったのではないかと思われるのだが、『国日記』に詳しくは記されていない。

魚は久祥院の好物だが、当時は貴重な食物であり、進物にも使われる。天和三年（一六八三）二月に、久祥院は息子で家老の津軽玄蕃に、男子が生まれたお祝いに玄蕃の屋敷を訪ねて、石王餘魚《いしがれい》、ひらめ、蚫《あわび》、赤ざら（ほたてに似た二枚貝）、かながしら、そい、もつぶ（藻に棲むつぶ）、鮟鱇《あんこう》の八種類の魚介を贈っている。当時、この時期に、これだけの魚類を取り揃えるのは容易でなかったのではないか。久祥院が好きな魚介は「きす、赤貝、蛎《かき》貝、鱸《すずき》、鯛、蚫《あわび》、蜆《しじみ》」と『国日記』に記されている。

ところで、鰰《はたはた》が久祥院の好みの魚とする確証はないが、鰰に親しんだのではないかと思われる。『国日記』にはたびたび久祥院へ鰰を差し上げていることが記されている。

延宝三年（一六七五）十月三日

鯵ケ沢より鰰三、御台所へ差し上げるにつき、久昌院（久祥院）様へ上げる。

わずか三尾の貴重な初物であったのだろうか。

延宝八年（一六八〇）九月九日

初鰰二、西の浜より上がる。則、久昌院様へ差し上る。

ここでも延宝三年と同様わずか二尾の貴重な初物である。

元禄元年（一六八八）十一月七日

初鰰百十、鯵ケ沢より差し上げ候、例年江戸へも御登せなられ候につき、久祥院様へ差し上げる。

このとき、信政は江戸にいたが、初物として差し上げたようだ。

天和二年（一六八二）八月の末、信政は浅虫へ湯治に出かけたが、先ずは青森へ向かった。御台所ご用の荷物は、伝馬で五匹分、これに御料理方の長持ち四棹で、伝馬で二匹分であった。様々な什器、調理の道具を用意したことであろう。御料理人が二人、板の間の者が二人、医者も二人が従った。途中、浪岡で一泊した。九月一日には信政は青森に着いて舟遊びをした。そして青森から浅虫へは舟で行った。浅虫に着いた信政は、大網漁で遊び、揚げた鮭一尾と、青森からの鱸《すずき》一尾、真鯛一尾をさっそく久祥院のもとへ差し上げている。この後も差し上げる魚は久祥院が好みの鯛、鱸が目につく。

九月二日
（信政）が御舟に大網召しなされ、鮭一尺（一尾）久祥院様へ進られる。

九月二日
青盛より辰の上刻、（午前八時過ぎ）、御飛脚到来、鱸一、真鯛一、久祥院様へ進られる。

その数日後にも信政は大網漁を楽しみ、小鯛を三百余と小湊から揚げた蜆《しじみ》、蛤《はまぐり》を久祥院に差し上げている。

五日には、信政の召し上がり物として、お城の御台所へ上白米、奈良漬、大根漬、上白餅米、鳥類、新蕎麦《そば》の粉を浅虫まで届けるようにといってきている。また、九日にも御膳米、太白砂糖（精製した純白な砂糖）を、浅虫へ届けるようにといってきた。この頃、格別に貴重だった白砂糖がどのように用いられたものだろうか。信政はこのとき、九月十二日に帰城している。

信政はこれより二年後の貞享元年（一六八四）六月に、また浅虫へ湯治をし、このあと西浜へ巡遊している。信政はこのときも浅虫から、久祥院へ魚類が進じられている。

六月十一日

戌《いぬ》の刻（午後八時頃）久祥院様へ進られ候お肴、鯛一枚、鱸一、鯖三、到来。

久祥院へ一刻も早く差し上げたいという思いから、夜に届いてしまったのだろうか。魚は翌日の早朝に差し上げられている。そして数日後にも、信政が網を引いて揚げた鱸二尾が進られた。使者は次のように信政の口上を申しあげた。

殿様の御意は、とても暑さが厳しいのですが、（久祥院さまが）ご機嫌よくお過ごしでしょうかとお聞きになられておられます。殿様は益々ご機嫌よく遊ばされています。そこでこちらで網引きをしました。珍しいものではありませんが、このお肴（鱸）を差し上げます。

ちなみに、室町時代の料理書の中には、魚類について鯉を第一の上品なものとし次に鱸をあげており、この時代も鱸は上等の魚であったのだろう。

信政は、この後、八月になって鯵ケ沢に巡遊し、十日に、ここからも久祥院に魚を差し上げている。このとき、信政は弟で家老の津軽玄蕃、同じく家老の津軽大学へもそれぞれ遣わした。このとき、久祥院に差し上げた魚は、「鱸二本、大小の鯛三枚、蚫三盃、きす二十、小鯛十枚」であった。また玄蕃には、「鱸一本、うぐい二、王餘魚《かれい》一枚、平目一枚、小鯛十枚、きす七つ」、同じく家老の大学には、鱸一本、はねこ二、平目一枚、小鯛八枚、きす六つ、関王餘魚一枚であった。久祥院とはおのずから魚の種類、数が異なる。久祥院には、この後もつづけて西浜から、十一日には鯛を十五尾、十三日には塩小鯛百尾、二十一日には十三から鯉二尾を、それぞれ差し上げている。

信政は貞享三年（一六八六）八月に、またも鯵ケ沢方面へ巡遊している。そして、このときにも久祥院へ十三より上がった鱸を差し上げている。鱸はよほど久祥院の好物だったようだ。

八月十七日

鱸一、十三より上げ候につき、差し越し候間、（送る間）台など申付け、御使者にて久祥院様へ進られ候様にと、鯵ケ沢より申し来るにつき、則、台にて（略）差し上げる。

魚など久祥院に差し上げるものは、台にのせて丁重になされたものであろうか。

このあとも十八日には鯵ケ沢から鮭一尾、二十一日には大間越から鮭一尾、石決明《あわび》五貝、中鯛五尾が、二十二日には深浦から初鱈一尾がそれぞれ差し上げられている。

このとき、久祥院は初鱈をありがとうございましたと、信政へ御礼のご口上とともも、杉重箱のお菓子を差し上げている。

そして信政はこのあと、九月になって浅虫へ向かうが、途中青森から、久祥院へ鱸、鯛、はも、わかさぎ、はぜの五種類を差し上げた。わかさぎについて、使者に次のような口上を託した。


この内、わかさぎはめずらしい魚です。身分の高い方にも召し上がられています。殿様にもお吸い物にして、二度召し上がり遊ばされました。このことを宜しく心得て、申し上げるように仰せ遣わされました。


久祥院はこれまで、わかさぎを食したことがなかったらしい。信政はわざわざ、身分の高い人たちも食している魚ですと断っている。信政はすでに江戸において、おいしく食べていたのだろう。このあと久祥院のもとへ、二度わかさぎが差し上げられている。久祥院は信政のすすめにより、わかさぎが気に入られたことであろうか。

久祥院は延宝四年（一六七六）の四月下旬に、信政の一番下の弟平八郎が、疱瘡で突然逝ったためか、すっかり体調を崩してしまった。ちなみに「久祥院様ご不食のご様子」などとある。このとき、帰国の途中であった信政のもとに飛脚がとんだ。信政はこのときも、弘前に着いて先ずは久祥院を見舞い、それからお城に着座した。

ところで、久祥院は信政のように領内を巡る機会はなかったが、何度か浅虫へ湯治にでかけている。延宝四年（一六七六）六月にもでかけた。約二十日程の日程であった。この時にも大勢の供が従った。

その中には、久祥院お付きの上臈が六人、仲居が五人、それに御料理人が二人いた。そして、息子で家老の玄蕃もお供をしている。信政が命じたのであろう。このとき、信政は湯治の際の湯帷子《かたびら》（裏をつけない衣服）を差し上げている。また、杉重のお菓子も差し上げている。久祥院は湯治の間、浅虫で新鮮な魚介を堪能したことであろうか。久祥院は湯治により元気を回復したのか、帰ってきてからしばらく絶えていた長勝寺、報恩寺への仏参をしている。

なお、久祥院は信政へ、浅虫からのおみやげに、昆布、おっとせい、串蚫を差し上げた。

久祥院は延宝六年（一六七八）の九月にも、浅虫に湯治をした。このときも久祥院は、浪岡でお昼の弁当をとった。そして、信政からご機嫌うかがいとして、お菓子が差し上げられた。その日は青森へ泊まった。翌日は毘沙門《びしゃもん》堂と弁財天を参詣して、まだ青森にとどまった。そして三日目に浅虫に着いた。信政のもとへは「久祥院様はご機嫌よくご着座されました。」と飛脚がとどいた。信政からは再び久祥院お見舞いのお菓子が差し上げられた。

さて、信政はこの後まもなく、巡遊先の蟹田より久祥院へ菊の花を差し上げている。

貞享三年（一六八六）九月二十一日

十九日蟹田より到来の御飛脚、昨夜亥の刻（夜十時頃）到来、久祥院様へ菊の花進られる。御使者長内新右衛門へ申し付け、今朝差し上げる。

久祥院は菊ご前とも呼ばれるほど、日頃から殊のほか菊の花を愛《め》で、身の回りの調度品にまで、菊の花の模様を用いていたと伝えられる。信政が、遠くの地から生母に菊花を贈り届けるこまやかな心遣いと、敬愛の思いが伝わってくるようである。

江戸からの下《くだ》りもの

藩主信政の意向で、弘前では容易に手に入れ難い珍しい食べ物などが、江戸からたびたび久祥院のもとに贈られてくる。そのいくつかをあげてみる。

〈お茶〉

茶の湯は千利休によって完成し、天正十五年（一五八七）には、秀吉が京都の北野において大茶会を催している。しかしこの時代、お茶を嗜《たしな》むのは僧侶、武将、公家、富商などの上層階級であって、庶民には縁遠いものであった。百年後の久祥院の時代にも、津軽ではお茶は高価な嗜好品であり、限られた上層階級が嗜むものに変わりはなかったろう。このことについては後にも述べてみたい。

津軽では新茶の季節はたいてい秋である。新茶のお茶壺は、毎年その季節になると、江戸から極上のものが飛脚によって下される。信政は久祥院にお茶壺に包み熨斗《のし》をそえ、麻上下の使者をもって丁重に差し上げた。信政が江戸に在るときには手紙も添えられる。大抵は十月だが、九月、十一月、十二月のこともある。久祥院へ差し上げるお茶に藤田詰め、川村詰めなどとある。

津軽家のお茶壺は、春に刈りとった新茶を壺に詰めて封をし、冷涼な所に保管して、秋まで熟成させたものであろう。たとえば藤田詰めというのは、それを詰めて保管した土地や産地、ご用のお茶屋などの銘柄をいうのではないか。

また『国日記』には、お茶壺とは別に、「むし極揃」などと記されているが、これは極上の煎茶をいうのであろうか。

延宝元年(一六七三)十月二十八日

久祥院様へ御文壱通、御茶壺壱つならびに小箱壱つ進られ候。(略)　(信政在江戸)

延宝五年(一六七七)十一月九日

久昌(祥)院様へ御茶壺一つ藤田詰め極上半五、むし極揃五斤三、御書ならびに包み熨斗添え、これを上る。(略)　(信政在江戸)

元禄二年(一六八九)十二月四日

久祥院様へ例年の通り、御茶壺壱つ進られる。御使者小鹿三左衛門、麻上下にてこれを勤める。(信政在江戸)

信政は在国のときには、久祥院をお城に招き、新茶口切りの茶会を催している。ちなみに信政が久祥院をお城に招くのを、藩日記には「御招請遊ばされる」と丁重に大きな敬意をもって記されている。信政がいかに久祥院を敬慕し、大切に接遇していたかを示すものであろう。いうまでもなく、信政は自らの手でお茶を点じ、久祥院に差し上げている。

寛文九年（一六六九）十月八日

今晩殿様（信政）より、久昌（祥）院様へ御茶御口切進られ候（略）、御料理二汁七菜、御茶菓子

延宝四年（一六七六）九月十日

午《うま》の下刻、久昌（祥）院様（お城へ）御入り、御座の間において不断の御料理一汁五菜、（略）御膳過ぎお茶、（信政が）御手自らこれを点じられる。

また、信政の新茶口切りには、家臣を相伴させ、自らがお茶を点じることもある。

寛文十年（一六七〇）十月八日

（略）御壺御口切り御茶、御座の間において御自身御手前にてこれを（家臣に）下さる。

延宝二年（一六七四）十一月には、三日に分けて重立ちの家臣を招き、口切り茶と二汁五菜の料理、お菓子の振舞いをしている。貞享二年（一六八五）には同様の振る舞いに、家臣は染小袖、麻上下のいで立ちでご相伴をしている。時期的にたまたま初鱈が、膳に上がることもあった。藩主の口切茶の振る

舞は、家臣たちとの意思の疎通をはかる手段でもあったのだろう。

貴重な新茶のお茶壺は、信政から例年久祥院のほかに、格別に、幕府の配流人であった柳川調興《しげおき》という人にも贈られた。また、長勝寺、報恩寺にも遣わされた。

柳川調興は対馬府中藩宗家の重臣であったが、幕府から国書改ざんの罪により、津軽家へ預かりとなった人である。藩主信政は、配流人でありながら博識の調興を、客分として厚遇し、彼に歌道を学び、お城近くの馬屋町に屋敷を与えている。ときにはお茶壺の口切りにも招き、料理を差し上げている。『国日記』には、常に「柳川素庵（調興）様」と様をつけて呼び、久祥院とともに特別に敬語をもって記されている。

信政は柳川素庵にお茶壺に限らず、みかん、京柿などの江戸からの下りものや、酒、魚などめずらしいものを度々差し上げている。

お茶壺は長勝寺、報恩寺にも遣わされたが、長勝寺は津軽家の菩提寺である。今も位牌堂には歴代藩主、夫人の位牌が安置されている。そして報恩寺もかつて津軽家の菩提寺であった。報恩寺は四代藩主信政が、父の信義の菩提を弔うために創建したものとされる。よってこの両寺は、津軽の諸寺のなかでも別格のものであった。このため信政、久祥院ともに、度々両寺へ参詣をしている。

信政が両寺にお茶壺を届けるのは、たてまえは両寺の津軽家先祖の位牌にお供えするというものであった。

寛文九年（一六六九）九月二十五日

長勝寺、報恩寺御茶壷一つずつ遣わされる。(略)

延宝七年(一六七九)九月十六日

例年のごとく長勝寺、報恩寺ご位牌様へ御茶壷一つずつ差し上げる。(略)

ところで、久勝院が日常用いるお茶は、美濃茶か近江茶で、他のものは召し上がらないので、ぜひこれらのものを才覚してほしいと用人が勘定奉行へ申し入れている。久祥院が召し上がるからには、きっと最上等のものであったろう。勘定奉行は久祥院のために、何を差し置いても、このお茶の才覚に走ったことであろう。

貞享二年(一六八五)十一月二十四日

山田彦兵衛(久祥院用人)より申し遣わし候は、久祥院様へ来年遣わされ候御茶、十三貫目入り壱本、(年に十三貫目使用のところ、その内の一本分をということか。十三貫目は約五十キログラムになる)只今請け取り申し度く候、美濃茶、近江茶ならでは常に召し上がられず候間、近江茶才覚候て、差し上げ候様にと申し遣わし候につき、則、勘定奉行へ右の段これを申し渡す。

ここには、美濃茶、近江茶でないと飲まないという、お茶をめぐる久祥院の隠然たる力が感じられるようである。

さて、この時代、弘前藩の城中では、どのようにお茶が飲まれていたのだろうか。それを推察できる手がかりとなるものが『国日記』の延宝八年（一六八〇）十二月二十六日）に記されている。それは城中においては家老、城代、組頭、用人、大目付まではお茶の飲用が許され、物頭以下は白湯《さゆ》を用いることとある。

これによると、城中でお茶を飲めるのは、ごく限られた上級の家臣のみである。当時はお茶は高価な嗜好飲料であって、多くの家臣の家でも、白湯が普通に用いられていたと考えられる。お茶を飲用する範囲を広げれば、その消費量は多量となるので、城中での飲用は上級の者だけに限ったのであろう。ちなみに鉄釜で沸かした白湯も、味わいのあるものだと思う。

ところが、例年のように信政から久祥院に贈られるお茶壺の記事が、貞享四年（一六八七）には、『国日記』に全く記されていない。これは信政が贈ったのに、記されなかったのではなく、この年はお茶壺が贈られなかったのであろう。

信政はこの年は、三月に江戸に登ったが、烏山《からすやま》藩の事件のめに、幕府から十月に閉門の重い罰を受けている。この変事のため、お茶壺は贈られなかったのだと考える。

信政は三男の主殿《とのも》政直を、下野《しもつけ》烏山藩二万石の養子とし、烏山藩を相続させた。しかし妾腹の実子が幕府に訴え出て、烏山藩は改易となった。信政は「閉門六ケ月」、この後さらに「遠慮」を三ケ月という重い罰を受けた。まさに津軽家存続の危機にさらされたのであった。ちなみに閉門の間、信政の食事は一汁二菜という質素なものであった。

信政の閉門は、貞享四年の十月十四日に始まる。久祥院はその直前の十月十一日に、この年が信政の厄年であることを案じて、十三日から真言五山に、二十七日間の祈祷を行うことを命じている。久祥院は信政が困難な立場にあることを、ある程度知っていたのではないだろうか。信政には思いもかけぬ大きな厄年となったのである。

信政の閉門はまもなく国元に知らされるが、久祥院はただちに、信政の閉門が早く赦されるようにと、改めて十ケ所の寺社に祈祷を命じている。この後も多くの寺社に同様の祈祷を命じている。ここにも久祥院の隠然たるリーダーシップがみられるのである。

この時代、ひたすらに神仏に祈るしかなく、幕府は他の手段はいっさい許さなかった。

『国日記』には、

貞享四年（一六八七）十月二十八日
今度、御閉門につき、最勝院、百沢寺、国上寺、橋雲寺、久渡寺、薬王院、報恩寺、新宮寺、袋宮寺、神明神宮、右拾ケ所にて久祥院様より御祈祷仰せ付けられ、今日吉日につき御祈祷初めてこれあり、壱ケ所へ御祈祷料白銀三枚、御賄い料白銀二枚ずつ相渡し申す可き旨（略）。

とある。

久祥院が命じて始まった、寺社の「閉門ご赦免」のご祈祷だが、これが多くの家士、お目見の町人にまでひろまり、ご祈祷を願い出て許されている。信政は翌年閉門を許されるが、この年と翌年は江戸にいて、久祥院にはお茶壷が贈られてきている。そして、元禄三年（一六九〇）八月には久し振りに帰国して、お城に着座のあと、北の郭に向かい久祥院となつかしく対顔している。

〈柿、みかんなど〉

この時代、柿もみかんも貴重な果物で、上層階級の贈答に用いられていた。これらの果物は時期的にも、お茶壺と前後して、あるいはお茶壺と一緒に下《くだ》ることもある。柿、みかんについては、『国日記』に毎年は記されていないが、その季節になると度々現れることから、お茶壺同様に、例年のように久祥院へ差し上げられたものと思われる。

江戸から下る柿については、五所柿、御所柿、京柿、大和柿、そして単に柿などと記されているが、これらのものは全てが、「御所柿」のことではなかったのかと考える。本来の大和柿は渋柿である。

御所柿は、奈良県が原産の晩生種で、当時も収量が少なく、絶品の甘柿といわれる。いまは富有柿が現れてから、一段と生産量が減少し、流通がごく限られたものとなっている。

この御所柿は重箱に詰め、紫のふくさに包まれたものが、お茶壺同様に、丁重に使者をもって久祥院に差し上げられた。

延宝二年（一六七四）十月十五日

久祥院様へ五所柿御重箱一つに入れ、紫の御ふくさに包み進られ候（略）。（信政在国）

延宝四年（一六七六）十月五日

久祥院様へ京柿御重の内、御書添え、これを進られる（略）。（信政在江戸）

延宝八年には柿が、柚子、お茶壺とともに二十日以上をかけて一緒に届いている。お茶は一人が一壺ずつ背負ってくるのである。

延宝八年（一六八〇）十月十五日
九月廿三日、江戸より発足の御茶壺ならびに、御所柿、柚子《ゆず》、金柑（略）下着。
貞享二年（一六八五）十月二十八日
先月十一日、江戸相立ち候御荷物、久祥院様へ進られ候御茶壺ならびに、長勝寺、報恩寺、玄蕃殿（信政弟、家老）、御城ご用茶壺数五、道中、郷足軽五人担ぎ罷り下り候。

元禄元年にも久祥院へ、柿、みかん、柚子、お茶壺などを同時に差し上げている。伊勢海老、粕漬鮑の肴物も一緒であった。

元禄元年（一六八八）十二月十二日
先月十八日、江戸発足御荷物、今日到着（略）右御荷物の覚え。
伊勢海老　拾五盃、粕漬鮑　五盃、蜜柑　百、大和柿　三拾、柚子　弐拾
右の通り久祥院様へ間宮求馬、持参、差し上げる。
右御荷物、久祥院様へ進られ候、御茶壺ならびに、長勝寺、報恩寺へ遣わされ候御茶壺、下着の右御茶壺久祥院様へ（略）。

そして、元禄二年（一六八九）にも、久祥院へ大和柿百串（干し柿のことであろうか）の他に、柚子が五十、蜜柑が五十、金柑が三十など柑橘類が差し上げられている。

この他にも、あさり百連《つら》（干物であろうか）、しらす干し三十枚、粕漬赤貝などの肴物が差し上げられている。これらの肴物は、久祥院の好物であったのだろうか。（元禄元年、二年、信政在江戸）

また、天和二年（一六八二）にはわずか五個の柚子が届けられた。これも久祥院に差し上げる、「はしりもの」であったろうか。このとき、信政は在国だが、信政はふだんから江戸に命じて、このような気くばりを欠かさなかったようだ。

この頃、藩では御所柿の植栽を試みている。天和三年（一六八三）には、御茶園に四十粒の大和柿の種を植えている。また、元禄四年（一六九一）にも、江戸から大和柿の枝穂五十五を下している。結果はいうまでもない。

ところで、いま日本で主流となって生産されているみかんは、温州みかんであるが、三百年前、江戸から下されるみかんは、どのようなものであったのだろう。

この時代のみかんは「こみかん」といわれる種類のもので、美味だが種があり、大きさは温州みかんのSサイズを下回る、2S～3S位の小さなものであったという。こみかんも御所柿同様に、貴重な季節の果物で、徳川家康も贈答に用いていた。こみかんは、紀州には九州から伝えられたといわれる。おいしさは九州産は格別だが、しかし距離的にも江戸まで商品として、流通することはめったになかったろう。

当時、こみかんの産地は、紀州（和歌山）を第一とし、駿州（静岡）がこれに次ぐといわれた。寛永十一年（一六三四）初めて紀州のこみかんを、江戸へ出荷したとき、江戸ではすでに伊豆、駿河、三河、上総《かずさ》（千葉県）の国々から産出されたこみかんが売られていたという。久祥院に差し上げたみかんは、紀州か駿州産のものだったろうか。

延宝二年（一六七四）信政は在国だが、江戸の慶（桂）林院（信政の父、故信義の正室）から、みかん、九年母、金柑が贈られている。これは信政への歳暮だったろうか。もちろん久祥院にも差し上げたことであろう。九年母は柑橘類の一種である。果皮に特有の香気があり、皮が厚くむきにくいが、果肉に甘味があって、佳品《かひん》とされるものであるという。

寛文十年（一六七〇）十二月十五日
久祥院様へ御書（手紙）ならびに蜜柑二百入一箱（略）下着。　（信政在江戸）
延宝二年（一六七四）十二月十四日
蜜柑百入壱箱、桂（慶）林院様より
久（九）年母五十入同、御同人様より
金柑三百入同、御同人様より
延宝四年（一六七六）十二月二十六日
江戸より下り候蚫《あわび》二盃、蜜柑五十入二重（二つの重箱）右久祥院様へこれを進られる（略）。

貞享二年（一六八五）の十二月下旬にも、江戸の信政から、半端な数のわずか十七個のみかんが送られてくる。その口上は、「このみかんは江戸でもめずらしいもので、とてもおいしいものです。わずかですが久祥院様に差し上げます。」というものであった。これは、もしや九州産のものであったろうか。はんぱな数のみかんを差し上げる、信政の母思いの気持ちが伝わってくるようである。

また、正月にも、みかん、柚子、葛西菜《かさいな》が届くが、みかん、柚子はていねいに三重に包まれて送られてくる。みかんもまた柿同様に紫のふくさに包んで差し上げたのだろう。ここで共に差し上げた葛西菜とは、小松菜のことである。この時期、江戸でも小松菜は希少な野菜であったろう。これらの品を凍らぬように、痛まぬように送り届けるのは、ずいぶん気苦労なことであったろう。

貞享三年（一六八六）正月六日
久祥院様へ蜜柑五十、柚十、葛西菜一台（台にのせて）、但し蜜柑、柚は三重に入包み、熨斗《のし》相添え江戸より参り候。（略）
（信政在江戸）

葛西菜はまた、元禄元年（一六八八）にも現れている。

元禄元年（一六八八）十二月二十六日
右御荷物（例年この時期に、信政が久祥院へ差し上げている呉服物）に参り候、葛西菜二十把、粕漬口十盃、土筆《つくし》、茅、独活《うど》、久祥院様へ差し上げ申すべき趣、お台所役人にこれを申しつける。
（信政在江戸）

口は「鮍」のようにも書かれており何と読むのかわからない。ホヤのことであろうか。久祥院は雪降る日、炬燵を囲みながら、江戸から下った柿、みかんを食したことであろうか。そして、こうした貴重な果物を、周囲の人々にも惜しみなく分け与えたことであろうか。

〈拝領の御肴〉

藩主信政と、世子の平蔵（信政の次の藩主信寿のこと）が江戸城で徳川将軍からたびたび肴物、お菓子、呉服物などを拝領していた。『国日記』の延宝四年（一六七六）正月二十八日には、次のようなことが記されている。

「二月十日に平蔵様が江戸城に登り、四代将軍家綱と、その御台様に御目見えし、公方様から小袖、文庫（本）などを拝領し、御台様は平蔵の手をとり、その肌をなでられた」とあり、平蔵は親しく将軍家綱に拝謁している。平蔵は数えで八歳のときであった。

このとき平蔵が拝領した小袖は、杉箱に入れられ、手紙をそえてすぐに、国元のまだ見ぬ祖母の久祥院に贈られている。また四月には、信政が将軍御台所から拝領したという、曲物《まげもの》の鮎鮨二つも久祥院に差し上げている。酢の物のため、国元まで変質はしなかったのであろうか。

同じ四月の下旬に信政は、将軍家綱から袷《あわせ》を十、白銀百枚を頂戴し、帰国の途についたが、国元に着いた信政は真っ先に北の郭へ久祥院を見舞った。（久祥院は体調が優れず、このあと、浅虫へ湯治に行っている。）信政は久祥院に、先に将軍家綱から拝領した袷と白銀のなかから、袷二と白銀二十枚を差し上げている。大名が徳川将軍から肴物などを拝領するのは、形式的な儀礼であったと思われるのだが、大名にとってはそうではなかったらしい。平蔵がたびたび拝領することに「相変わらずご拝領ありがたく思し召し」とか、「若殿様御拝領、たびたびかようの御儀ご満悦思し召され」などと信政の思いが記されている。そして、拝領のたびに恐れ多く慶賀なこととして、国元へ飛脚をもって知らせ、そのつど重立ちの家臣が登城して、祝辞を述べ、記帳する儀式がおこなわれている。

延宝五年（一六七七）七月二十日
先月廿六日公方様より、平蔵様、鯉一折二、御拝領のよし、（飛脚によって）昨晩申し来る。これに依り御一門方、老中ならびに御物頭、御物奉行まで御祝詞のため登城。（家来たちにしてみれば、やれやれというところか）
天和二年（一六八二）三月九日
去月十五日公方様（綱吉）より、若殿様へ生鯛一折二御拝領遊ばされる。（略）御馬廻、御番頭以上登城、これを御記帳。

『国日記』に現れる、平蔵が徳川将軍に拝領した品々は、お菓子類、小袖などの呉服物、蚫、粕漬の蚫、大鯛、鮒、鯉、大鱸、蜜柑、御所柿、鷹の初雁《がん》、酒などがある。魚類は肴物とだけ記されたものもあり、具体的な名前はわからない。鯛の名前はたびたび現れるが、多くは干鯛であったのではないか。干鯛はうす塩をかけて干したもので、儀式の贈物に鮮魚の代わりとして用いられたものである。ちなみに平蔵は例年、将軍家へ土用のご機嫌伺いとして、熟瓜を献上している。

平蔵が拝領したこれら肴物などは、そのつど一部が国元へ届けられた。そしてお城の表ご座の間に、披露されてから料理に供され、在国の信政は重臣たちとともに、ご拝領のお祝いをしている。

延宝四年（一六七六）六月十八日

御拝領の御肴（鮑、鯛）表御座の間において御披《ひら》き、二汁七菜、ご相伴、庄右衛門様（信政と異腹の弟）、玄蕃殿（信政と同腹の弟）（略）。

同じ年の十二月に平蔵は鮑十八盃を拝領したが、この内七盃が在国の信政に送られ、信政はこの中から二盃を久祥院に差し上げている。残りはご拝領祝いの二汁七菜の料理に供された。

延宝七年（一六七九）二月には、やはり平蔵拝領のお菓子が久祥院に差し上げられている。また、延宝八年（一六八〇）十二月にも、平蔵拝領の鯛が届くが、信政は同様に二汁七菜のご拝領祝をし、「右、御拝領の鯛、御すそわけとして久祥院様へこれを進られる」とある。平蔵拝領の品はこのようにたびたび久祥院にも差し上げられた。信政は幼少の平蔵に、まだ見ぬ祖母の久祥院を敬うことを、日頃から意図したことであろう。孫の平蔵が拝領の品を、久祥院に差し上げるときには、丁重に文がそえられた。

天和二年（一六八二）三月九日

去月十五日、公方様より若殿様（平蔵）へ、生鯛一折二、拝領遊ばされる。

久祥院様へ、右御拝領の御肴の内、粕漬に成され、御書そえ若殿様これを進られる（略）。

貞享二年（一六八五）六月二十三日

若殿様は今月十一日、御肴鯛一折、御拝領遊ばされ候につき、右の内久祥院様へ進られる。則《そく》御書とも堀伝左衛門（用人）伺候致し、これを差し上げる。

次に食物のことではないが、信政の久祥院に対する敬愛ぶりを知るためにも、江戸から下す呉服物について記してみる。

信政は久祥院へ、五月の端午の節句、九月の重陽の節句、それに十二月にはお歳暮として、それぞれ呉服ものを差し上げている。おおよそ端午の節句には帷子《かたびら》二、帯二筋、重陽の節句には小袖二、帯二筋、お歳暮には小袖二、帯二筋などを差し上げることになっている。

寛文十年（一六七〇）のお歳暮について、「久昌（祥）院様へ、歳暮の染御小袖二つ、御帯二筋、京都より到着、則、差し上げる」とあるので、久祥院の呉服物は京都で買い上げ、これを仕立てもしていたのだろう。このときには信政からの手紙とみかん二百が添えられている。

つぎは元禄二年（一六八九）の端午の節句に、信政が久祥院にお召し物を差し上げた記事である。

元禄二年四月二十五日

久祥院様へ端午の御召物御時服

二内《ふたつのうち》　浅黄絹縮《あさぎきぬちぢみ》　一

綸子《りんず》御単物《おんひとえもの》　一
御帯二筋内《おんおびふたすじのうち》　御下帯一筋《おんしたおびひとすじ》
鈍子《どんす》一筋《ひとすじ》

元禄三年（一六九〇）には、十一月の下旬に江戸を出立したという久祥院への歳暮の呉服物が、弘前へ近づいているというのに、十二月二十四日になってもまだ着かなかった。例年歳暮の呉服物は、久祥院が新年の七日のお祝いに、着ることになっているので、信政を随分苛立たせたろう。飛脚はきっと悪天候の雪道に難渋していたのだろう。そこで迎えの者を出すように命じ、さらに追加の迎えも出して、二十八日にようやく久祥院へ差し上げることができた。その様子が『国日記』に次のように記されている。要約してみる。

十二月二十四日
先月廿六日に、江戸を出立したお荷物が、やっと弘前の近くまできている。しかし、今月中に着かないと久祥院様へ差し上げる呉服物が間に合わない。殿様が家老の将監を奥座敷へ呼んで、足軽、中間を道中十分気をつけて、迎えにやるようにと仰せになった。そこで達者な足軽二人を昼過ぎに出立させることを殿様に報告した。

同二十七日

江戸から着いたお荷物と、その目録をお渡ししたが、その内の久祥院様へ差し上げるご時服（呉服物）を、明日お目にかければいいのか、殿様にお伺いした。殿様は、いつもの通り、久祥院様に差し上げているように仕立て台にのせ、明日（殿様が）ごあいさつに伺う前に、先にご近習がお届けし、お目にかけるようにと仰せつけられた。すぐに成田七郎右衛門、久米新七、八木橋理兵衛にこのことを申し渡し、ご近習にも、明日いよいよお目にかけるべきことを申し通した。

当時、京都からわざわざ取り寄せる、大名ご用のこれらの呉服物は、庶民感覚をはるかに越えた高価なものであったろう。

鳥の味わい

〈鶴〉

久祥院が存命の時代、『国日記』には、たびたび食用としての野鳥の記事が現れる。鶴や雉《きじ》は毎年、将軍家に献上される大切な鳥であった。また、信政は生母の久祥院に、貴重な、鶴や雉をはじめ、色々な鳥を差し上げている。久祥院は鳥肉の味わいに親しんでいたのである。

奈良時代に始まった、獣肉食を忌む風習は次第に強まり、江戸時代にはほとんど行われなくなった。とはいうものの江戸の四ツ谷には獣の市が立ち並んだりもした。大名たちは薬猟と称し、公然と狩をして鹿や猪、野鳥などを捕らえ、狩りの楽しみとともに、魚介にはない肉食の濃厚な味わいを楽しんでいた。殊に野鳥については、獣のようなこだわりは少なく、かなり日常性をもって、食されていたようである。

野鳥のなかでも、鶴と雉は格別に珍重された。特に鶴は、端整で気品にみちたその姿から、古来より、高貴、吉祥の鳥として尊ばれてきた。同時にまた、食鳥としても大変貴重なものであり、その味と香りは絶品といわれている。今日では保護鳥となっていて食べることはできない。

江戸の幕府は九代将軍家治のとき、鶴が渡ってくる季節になると、鷹を放って朝廷に献上する鶴を狩猟した。捕らえた鶴は将軍の面前で、鷹匠が刀で左の脇腹をさき、肝を取り出して鷹に与えた。鶴の肝を取り出したあとへ、塩を詰めて縫い合わせ、これを夜をついで京都へ送り、初鶴と称して献上した。幕府はまた、こうして捕った鶴を親藩や大藩にも贈ったが、幕府からこの鷹の鶴を賜ることは、大変な栄誉であった。

また幕府は、他の者が鶴を狩ることを堅く禁じ、これを行った者には厳罰をもって処した。鶴の季節になると諸大名からも幕府へ初鶴が献上された。

そして、将軍家をはじめ諸大名の正月の包丁式には、鶴の包丁が尊重されるようになった。また江戸時代には、鷹狩りで鷹が捕らえた雉が「鷹の鳥」と称され、これを料理して、饗応することが最高のもてなしとされた。

弘前藩での鶴は、鷹が捕らえたり、城内で飼養したり、領民が捕らえて差し上げたりしたものであった。また、雉も鷹狩りや追鳥狩り（山野で雉、山鳥などを勢子に追い立てさせて狩をする）によって捕らえたことが、『国日記』によって知られる。

延宝四年（一六七六）十二月五日
久昌（祥）院様にて鶴、白鳥御入用のよし、（信政が）聞こし召され、これを進られる。（略）

信政は久祥院がお台所で、鶴、白鳥が入用なのを知り、早速に差し上げている。白鳥も鶴、雉とともに貴重な鳥であった。久祥院は本城のすぐ近くの北の郭に、大勢の女中にかしずかれ、腕利きの料理人をおいて暮らしていたのである。久祥院の鶴に関わる記事はこれ一つであるが、鶴がたびたび食されたであろうことが容易に想像される。

鷹匠は鷹を使いもっぱら諸鳥の狩りをしていた。仕留めたものには鶴もあった。

延宝六年（一六七八）九月十三日
今晩、御鷹の鶴御料理、二汁五菜（略）。

鶴は大鳥であり、嘴《くちばし》、脚が強く、いかに鷹とても、これを仕留めることは容易でなかったという。二番鷹、三番鷹の助けを借りるのが普通であったといわれる。

この時代、鶴は領内の各地に棲んでいたようだ。各地の百姓がこれを捕らえてお城に差し上げている。

藩では活鶴（生きた鶴）ではなく、あらかじめ締めて、死なせたものにするようにと在々に伝えている。ただし大ぶりで見事なものは活鶴のままでよいとしている。藩は希少で需要の高い鶴を、自家の狩りだけではとうてい賄いきれず、百姓にも協力させてこれを買い上げていたようである。鶴を差上げたものには、初鶴のときには特別に過分の褒美が与えられた。

元禄四年（一六九一）二月二十八日

川倉村（現五所川原市金木町）百姓、次五左衛門、丹頂鶴壱つ差上げる。当年初鶴指上げる。その上、鳥能《よき》候につき、相定め下され候通り、白銀二枚を下される外に、白銀一枚はご褒美として下されるの旨、お台所役人へ申し渡す。

川倉村の百姓、次五左衛門が丹頂鶴を一羽さしあげた。当年の初鶴であり、その上、上等の鶴であった。定めの通り白銀二枚に、ご褒美として更に白銀一枚を下さった。というものである。思いがけず、少しまとまったお金を手にした、百姓の喜びはいかばかりであったろうか。初鶴は藩にとって大きな慶びでもあったようだ。貞享四年（一六八七）二月二十二日に、鷹狩りを仰せつかっていたと思われる、家中の中川小隼人、小川兵左衛門の二人が、初鶴と、二番鶴を捕らえた。このときにも、二人に白銀二枚と金一両のご褒美を下さった。

貞享二年（一六八五）四月二十九日

活鶴壱つ、高野村（現五所川原市）の内、新田百姓、勘左衛門これを上る、ご褒美として銭三貫文これを下さる。

貞享四年（一六八七）三月十九日

活鶴壱つ、床舞村（現つがる市森田町）久右衛門と申す者差し上げ候に付き、西の御郭《くるわ》鳥屋へ入置くべく申す旨申し渡す。

これらは季節的にも初鶴の時期が過ぎたものだが、それでも藩は勘左衛門に三貫文という相当な代銭を払っている。また床舞村の久右衛門という者は、活鶴を度々差上げている。農業のかたわら鶴捕りに励んでいたのであろうか。

鶴には九州の出水《いずみ》のような渡りもあり、北海道の釧路原野に定着している丹頂もある。弘前藩ではなぜか、その年の二月に初めて捕らえたものを初鶴と称している。

三百年の昔、津軽の初鶴は渡ってきたものであろうか。あるいは釧路のように定着していたものであろうか。または、渡りと定着が混在していたものであったろうか。先に述べたように、川倉村の次五衛門が二月に差上げた初鶴は丹頂であり、五月、九月にも丹頂が差上げられている。鶴は丹頂の外に真鶴《まなづる》の名前も見える。昔は色々な鶴が津軽にいたことが知られる。

鶴は西の郭の鳥屋《とや》で飼養されていたが、その管理は大変苦労だったようである。

貞享三年（一六八六）四月十二日

西のお郭にある鶴が、かねてから足を痛めていたが、昨夜死んでしまった。格別他には疵もないが、意外に痩せていた。これをどうすればいいのでしょうかと（略）申し立てがあったので、お台所へやり塩をするようにと、申し出た両人へ申し渡した。

このことについてお掃除の者共たちに、鶴はどうして死んだのかと取り調べてみたが、足の痛みがあった外には、何の煩いも疑わしいこともなかった。というものである。飼育、掃除には一切不手際はなく、痩せてはいたが自然に死んでしまったというものである。鶴を飼育していた小者たちは、あまりこのことに関わりたくなかったに相違ない。

捕らえて鳥屋に入れられた鶴は、鶴同士が喧嘩して突っつき合い、死んでしまうこともあった。野鳥の飼育は難しかったようだ。それでも死んだ鶴はなお御台所で塩をされ塩鶴として大切に保存された。御台所には技量に優れた料理人たちがいた。小川金太夫、高津又市、谷長左衛門らは藩主信政に命じられて、それぞれ鶴の包丁式をしている。包丁式は誰でもできるというものではなく、その流派の限られた人だけが行った。鶴は、味も香りも絶品といわれる。しかし今は天然記念物の保護鳥で、食べることは厳禁である。元来包丁式は、鯉の包丁式に始まったとされ、現在は鯉で行われている。

以下は谷長左衛門が、信政の命で行った鶴の包丁式である。

元禄四年（一六九一）二月三十日（信政が）明日、谷長左衛門に鶴の包丁式を行うように伝えなさいと仰せになった。ご自身包丁式を御覧になるということである。しかし丹頂の鶴はお料理に向かないといわれるが、このことを確かめるようにと信政が直《じか》に仰せになった。すぐ谷長左衛門へ聞きにいったところ、丹頂の鶴は料理になりますといってきた。そのことを、信政がお帰りになってから、お耳に入れた。三月一日、谷長左衛門は梅の間で、「千年の鶴」の包丁式をつつがなく勤めた。信政は山水の間でこれをご覧になった。他に家老、城代、信政の弟で玄蕃、用人、近習、近習廻りの面々も、着座してこれを拝見した。包丁式が終わると、信政は谷長左衛門を召されて、ご褒美に麻上下一具を下さったのである。谷長左衛門は、大いに面目を施したことであろう。

このときに使った鶴は、先の二十八日に、川倉村の次五左衛門が、初鶴として献上したものであった。谷長左衛門は御料理人だが、他の御料理人を抜きんでた技量を持ち、百五十石取りの御台所頭でもあった。

鶴の包丁式は、真名箸《まなはし》(魚を料理するときに用いる長い箸)で鶴の両羽をしごき、両翼を切り離し、これを十文字に置く。つぎに両足を切って掻落《かき》し、そして、首を切って、先の十字になった、両翼の上に置くと千の字形になる。これを「千年切」または「萬年切」という。(参考『飲食事典』)

翌朝、信政は、弟の玄蕃、家老、城代、用人など重立ちの家臣を呼んで、鶴の料理を振る舞った。包丁式のあと、鶴の汁を振る舞うことを「鶴の献」と呼ぶという。ちなみに汁の作り方は、「だし汁に骨を入れて煮立て、味噌を加えて作る。味噌の入加減が大切である。つまは四季折々の風情をそえるものでいい。茸は沢山入れてよい。食べるときにはいつも鶴の筋をおく。吸い口は山葵《わさび》、柚《ゆず》など。また、初めから中味噌で仕立てたり、清汁にもする。」(参考『図説江戸時代食生活事典』)

鶴を使った料理には、その印《しるし》として鶴の脚の筋を数センチの長さに切ったものを添えて材料の証明としたという。

鶴は食用とした他に、その骨を黒焼きにして貴重な薬としても用いられた。

貞享元年（一六八四）七月二十二日

鶴の骨、黒焼きに仕るべき趣、（信政が）仰せ出され、則、沢田仙甫へこれを申し付ける。

『本朝食鑑』には、「近世、諸骨を採り聚《あつ》め、白塩を加え黒焼きにして霜とし、これを黒塩と呼んでいる。婦人の血暈《けつうん》および金創《きんそう》、折傷の気絶を治すのに最も妙見がある。」「血暈とは産後の血の道で体がふるえる病のことをいう」とある。鶴の骨の黒焼きは、本当に病気に効き目があったのだろうか

鶴は明治の初期の一時期、社会の混乱から、保護の規制がなくなり、乱獲されて激減した。今は特別記念物に指定されていて、食用にはできない。

〈雉〉

雉はかつて日本に広く生息し、古来より狩りの対象として親しまれ、今は国鳥に指定されている。その美味さはよく知られ、鶴とともに鳥類で最高のものとされている。雉は皇室の正月料理には、欠かされぬものとして今も用いられている。雉は先にも述べたように、鶴とともに将軍家へ献上する大切な鳥であった。

信政の時代、献上と自家用のために、例年のように十一月の下旬に、雉が目あての追鳥狩りが行われた。冬になって雉がおいしい時期である。追鳥狩りは領内各地で行われ、軍事の訓練も兼ねたともいわ

れる。

延宝四年（一六七六）には、十一月二十一日に、悪戸、兼平、大沢、小栗山で行われたが、獲物の合計は百二十六であった。

貞享三年（一六八六）には、十一月十九日に行われた。それぞれの地での、捕獲数はつぎのとおりであった。

大沢　小栗山　十二（雄五、雌七）
細越　登岩　十六（雄十一、雌五）
相馬　紙漉沢、湯口　三十七（雄二十四、雌十三）
湯口　長峰、倉（蔵）館、三目内　森山　二十五（雄十八、雌七）
兼平　葛原　十七（雄十五　雌二）

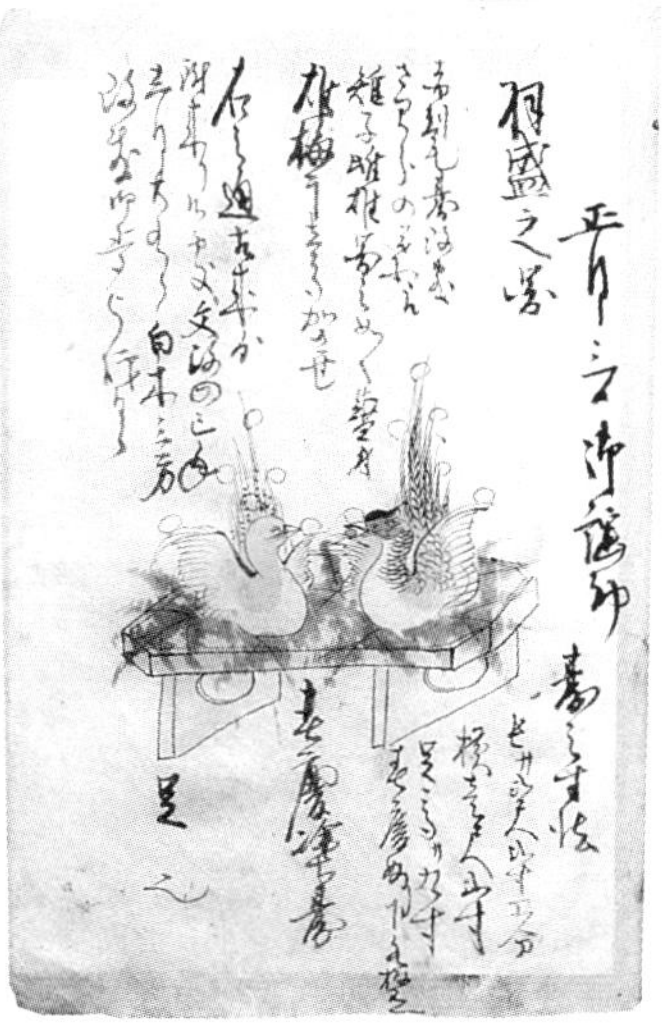
『年中行事御祝献立並三方等御飾』より
（弘前市立弘前図書館蔵）

追鳥狩りの結果は、都合百七というものであった。

このとき、献上の雉二十を常の台にのせ、お城の山吹の間に置き、脇々様（幕府の要路の方々やご一門など）への分は、波の間にそれぞれ置いて、これを信政がご覧になった。そして三日後には江戸に向けて出立するようにと命じている。

元禄元年（一六八八）には、十一月二十三日に、つぎのように広範囲な土地で、追鳥狩りが行われている。

堀越組、高杉組、駒越組、大鰐組、猿賀組、大光寺組、藤代組、広須組、尾崎組、増館組、和徳組、藤崎組

この日の獲物の数は、雉が二百六で、他に兎が二、ふくろうが一というもので、すぐに御台所へ引き渡されている。御台所では内臓を除き、塩を詰めたりしたのであろう。この年は、信政は江戸におり、献上の雉はすみやかに、翌日には江戸へ送られている。

また、信政は元禄三年（一六九〇）にも、狩った雉をご覧になり、これを上中下の三段階に分けた。上のうちから最上のものを献上にあて、地元での遣わし物には、誰にも上のものを遣わすようにし、料理には、下のものを使うようにと指示している。追鳥狩りが不猟で、多く捕れない年もあり、雉が一三百も必要となると、何度も追鳥狩りをすることもあった。不猟のときには止むを得ず、ふだんは気配りをする幕府要路や身内のご一門にも差し上げないことがあった。つぎの延宝二年は不猟の年であった。

延宝二年（一六七四）十一月二十四日

御献上の雉子、但し男鳥拾羽、女鳥拾羽、合わせ弐十羽、外余慶十羽、都合三十羽差し登らせ候、（略）当年は雉子払底《ふってい》故、御老中様、その外御一門様へも進られず候。（略）

延宝二年には、不猟で幕府の御老中、ご一門へも差し上げなかった。しかし、さすがに生母の久祥院や、主だった人には差し上げている。

延宝二年（一六七四）十一月二十六日
雉三ツかけ壱竿、久昌（祥）院様へ（略）
同三ツかけ壱竿、柳川素庵様へ（略）
同三ツかけ壱竿、庄右衛門様へ（略）

「雉子三ツかけ一竿」とは、雉三羽を姿のまま、青竹の竿にくくりつけたものである。これを右の三人の方に差し上げたものである。

柳川素庵は前にも述べたように、幕府から預かった人だが、博識の人で、信政は大いに尊敬し、厚遇していたのである。また、庄右衛門は信政の異腹の弟である。

この後に、雉は不猟にもかかわらず、信政は三人の重臣へも雉を二羽ずつ遣わしている。

先の寛文十二年（一六七二）にも雉が不猟で、献上の分は江戸へ上らせたが、脇々様には差し上げなかった。延宝二年（一六七四）にも不猟で、脇々様には差し上げなかったのだが、藩の重臣たちには遣わしている。そういうものであろうか。

ところで、追鳥狩りに勢子として狩り出された家中の従者、百姓などの又者のなかに、狩りの雉を盗む不心得者がいることで、これについてお触れが出されている。

延宝六年（一六七八）十一月十六日

覚

今度追鳥狩りの節、狩場何方《いず》に寄らず、御家中の又者、若《も》し雉を盗み取るに於ては過料として其の主人より銀子一枚を出すべく、（略）

しかし、このお触れは徹底しなかったようである。同様のお触れが、翌年の延宝七年にも出されている。追鳥狩りの協力者を装って、雉などを盗み取る、不心得者が絶えなかったのだろう。そしてつぎの一条が加えられている。

延宝七年（一六七九）十一月十六日

今度、追鳥には、行列にて之《これ》無き者、方々へ紛れ出盗み雉子仕《つか》まつらず様に支配中へ急度《きっと》申し渡される可《べ》し

右の通り御郡奉行、御町奉行へ之《これ》を申渡す

勢子でもなく、狩りに関係のない者が、好機とばかりに紛れ込み、雉を盗むことが横行していたのであろう。

信政は追鳥狩りが終わって、重臣たちを相伴させ、雉の料理を召し上がっている。「御拳《こぶし》の雉の御料理」（寛文十三年）とあるので、信政が狩りに加わり、自らの拳より鷹を放ち雉を仕留めたものであろう。もっとも価値のある獲物ということになる。とくに鷹により仕留めた鳥は、鉄砲などで打ち落とし

たものと違い、痛み方が少なく貴ばれた。信政はどんな雉の料理を召し上がったのか知らないが、江戸初期の料理書に、つぎのような雉の調理の種類がある。

「青がち、山かげ、ひしほいり、なます、さしみ、せんば、こくしょう、はふし酒、つかみ酒、丸やき、くし　やき、いろいろ」（『料理物語』）

「青がち」は雉の腸をたたき、鍋で炒りつけた味を、出し汁で受けて作った雉の吸い物。「山かげ」は、雉のみそ汁である。「はふし酒」は雉の両翼の羽節《はぶし》を焼いて、その香味を酒で、浸し出したものである。（『図説江戸時代食生活事典』『料理物語』）

〈諸鳥〉

『国日記』には、藩主信政が久祥院に鶴、雉の他にも、菱喰（雁）、白鳫《はくがん》、青鷺《あおさぎ》、鶉《うずら》、雲雀《ひばり》などの鳥をたびたび差し上げていたことが記されている。もちろん食用である。例えば、

延宝二年（一六七四）九月十三日
今朝、久昌（祥）院様へ御鷹の鶉七ツ進られる。
延宝三年（一六七五）三月十日
久昌（祥）院様へ、御鷹の菱喰一羽進られる。
延宝五年（一六七七）二月二十三日
久昌（祥）院様へ、白鳫一、これを進られる。

延宝六年（一六七八）六月十三日
御鷹の雲雀二十、久昌（祥）院様へこれを進められる。
延宝六年（一六七八）七月三日
久昌（祥）院様へ、御鷹の青鷺一、これを進められる。（略）

菱喰は、全長八十センチ位にもなる大型の雁で、菱の実を好んで食べるという。白鳫は全長約七十センチ位で羽先だけが黒く、他は白色といわれる。白鳫は今ではごくまれに見られる渡り鳥といわれるが、当時はその数が多かったのだろう。鴨とともに、鳫の美味さが想像される。『国日記』には、初菱喰を差し上げた者にも、ご褒美を下さったことが記されている。

天和二年（一六八二）九月六日
石渡、御蔵新町、源四郎、初菱喰二、御台所へこれを差し上げる。これに依り金子二百疋（二千文）これを下される。
元禄四年（一六九一）二月十三日
亀甲町、八百屋、孫十郎と申す者、初菱喰一、御台所へ差し上げ候、右同人をもって披露をとげ、初物差し上げ候ゆえ、御褒美下され候、（略）金子百疋。（百疋は一千文）（略）。

また、白鳥も延宝九年（一六八一）には、御台所で三番鳥まで入用とあるので、他の初鳥と同様にご褒美が定められていたことだろう。

江戸の藩邸には献上、進物、自家用にと多くの鳥類を登らせたが、鷹匠による鷹狩りの役割も大きかったことが知られる。自然が豊かだった昔、鷹が、鶴や雁や鴨などの大きな鳥を襲う様子を彷彿とさせる。鳥類が大名たちに重用され、日常的な食物であったことが知られる。

弘前藩から、毎年江戸の藩邸に登らせた鳥類を、『国日記』の中からひろってみる。

寛文四年（一六六四）
追鳥の鳥、雉子男鳥三十七羽、雌鳥四十九羽、山鳥三羽。（献上の分を含む）
寛文五年（一六六五）
雉子。（追鳥狩りによる献上）
寛文七年（一六六七）
雉子。（追鳥狩りによる献上）
寛文八年（一六六八）
雉子。（追鳥狩りによる献上）
寛文九年（一六六九）
雉子。（追鳥狩りによる献上）　塩菱喰十羽。（これは京都へ）
寛文十年（一六七〇）
雉子、山鳥三十九羽。（追鳥狩りによる献上）

寛文十一年（一六七一）
御献上の鶴。
寛文十二年（一六七二）
鶴二疋。（献上の鶴か）
延宝元年（一六七三）
御献上の雉子。味噌漬の鶉。
延宝二年（一六七四）
御献上の雉子男鳥十羽、女鳥十羽、他に余慶計十羽。
延宝三年（一六七五）
御献上の雉子二十他、百二十。
延宝五年（一六七七）
鶴。（献上の鶴のことか）御献上と旁様《わき》（縁者など）への進物の雉子九十六。
延宝六年（一六七八）
御献上と傍様への進物の雉子八十一。
延宝七年（一六七九）
御献上と傍様への進物の雉子。酒井雅楽守《うたのかみ》様へ進物の御鷹の鴨三。
天和元年（一六八一）
例年の如く御献上の雉子（略）四十御献上。

天和二年（一六八二）

真鶴《まな》二（献上の鶴か）。御献上の雉子二十五羽、中雉子二十羽、都合四十五。

天和三年（一六八三）

鴨切浸し二十分。鴈《がん》切浸し二つ分。菱喰切り浸し一つ分。塩雉子十羽半（一つ分、二つ分は一羽分、二羽分のことか）。

貞享二年（一六八五）

御献上の鶴二羽、御鷹の青鷺三、鴫《しぎ》二、鶉三十九。

御献上の雉子、その他の雉子二百四十七。

貞享三年（一六八六）

初菱喰、初鴈。

貞享四年（一六八七）

一、御鷹の鴈、鴨残らず（お城の台所にあるものを）一、鶴残らず、一、銕炮《てっぽう》鳥残らず、一、塩雉子残らず、御鷹の青鷺一、銕炮の青鷺一。

元禄元年（一六八八）

今日江戸へ御献上の雉子雌雄ご餘慶《よけい》共に弐拾外《ほか》、中雉子百五拾御鷹の諸鳥を差し登《のぼ》せる。

元禄二年（一六八九）

初菱喰。御鷹の諸鳥。御鷹の青鷺《さぎ》、鶉《うずら》、鴫《しぎ》、雲雀《ひばり》。御鷹の青鷺、塩雲雀、雲雀塩辛、鴫。御献上の雉子。

元禄三年（一六九〇）
御鷹の青鷺。鳫、鴨、菱喰、雲雀。御献上の雉子。
元禄四年（一六九一）
御鷹の諸鳥（鳥の数と名前は分からない）
一、御鷹の青鷺十五、一、御鷹のいり塩青鷺六。
一、御鷹の雲雀四百十九。
御鷹の諸鳥（鳥の数と名前は分からない）
雉子五十五、御鷹の真鴨。

以上は、約三十年間の『国日記』から、食鳥について拾ってみたものである。初めの頃は、追鳥狩りによる雉を献上していたのが、しだいに藩邸での鳥類の需要が高まって、種類も数も多くなっていく傾向が見られる。これを見ると支配者の間では、鳥を食べることが日常的であったといえるようである。

さて、弘前藩での鳥類の需要は多く、領民の献上や、鷹匠が狩る鳥だけでは不足だったようだ。藩では、御台所に多量の鳥の買い上げを命じたり、鳥捕りに鳥を捕るように命じている。この時代、在（田舎）にも、鳥を捕る業の人がいたようだ。そして城下には鳥の市もあったようだ。

貞享五年（一六八八）三月十二日
菱喰二十、真鳫《がん》二十、真鴨二十、切浸し、毛塩にしてこれを仕《つかまつ》り、（信政が）ご下向（お帰り）

になったとき、ご用に使いたいと（御台所頭）の土岐太左衛門、竹森助之丞が申し立てたので、
買い上げるようにと申し渡した。

元禄四年（一六九一）四月八日
真鴨がただいま、市へ出ていないとのことを、お台所頭の竹森助之丞が申した。そこで在の鳥取どもにいいつけて、真鴨を十ほどお台所へ差し上げるようにしようと思っている。（略）

毛塩、切り浸しは、どのようなものなのかは知らないが、締め鳥は、内臓を抜いて毛塩にし、銕鉋鳥は切浸しにするとある。毛塩は、締め鳥などの傷みが少ないものを、羽などを除いて丸ごと塩をしたもの。銕鉋鳥は傷みが大きいので、解体し、肉を切り分けて、醤油のような調味液に漬けたものではないかと考える。

ところで、弘前藩では貞享の頃、江戸から鳫取りを呼び寄せて、わずかの扶持を与えて鳫、鴨などを捕らせていた。鹿右衛門と作内という二人の者が、福村（現弘前市、東の方）という所に住み、囮《おとり》の鳥を置いたりしていた。

貞享四年（一六八七）八月二十八日
鳫拾六、内三、真鳫、銕鉋鳥
十三、白鳫　繋鳥《つなぎ》
同六、内四、真鳫　銕鉋鳥

右鳫取り、鹿右衛門、作内所より差し越し候、御台所へ差し上げ申すべき旨、これを申し渡す。

二、白鳫、繋鳥

繋鳥《つなぎ》とは生きた白鳫などを繋いでおいておびきよせて捕るということであろうか。この後も二人はたびたび鳫、鴨などを差し上げていたが、一年後の十月、「鳫取り、爰元《ここもと》にて渡世送り兼ね候よし」（略）つまり、ここでの鳥取り稼業は、生活が成り立たない。ということで江戸へ帰ってしまったのであった。

当時は魚鳥の保存の多くを、塩や味噌、醤油に頼るしかなかった。鶉は味噌漬にして江戸へ送っている。塩加減はその年の気候も関係したことと考えられる。御台所では保存のための塩加減を常に研究していたに違いない。また、暑気が厳しい時期には、塩物であっても、江戸へ送るのは控えることがあった。

さて、貞享四年（一六八七）に、鷹匠の北原伝六が青鷺二、鶉七、雲雀三十六を差し上げたが、すぐに御台所に渡された。そして御台所頭は上役に、雲雀は塩辛にし、その他の鳥も念を入れて塩をするようにと命じられている。雲雀は塩加減によって匂いがつきやすく、いつも塩辛にしていたようである。

元禄二年（一六八九）には江戸から、雲雀が捕れたら一度に蓄えておかないで、段々に登らせるようにし、塩加減は辛塩ではなく、普通のものにしてほしいと注文をつけられている。藩主の召し上がり物だけに、御台所の人たちの気苦労がしのばれる。

信政の食事

信政は度々領内を巡遊し、湯治にも出かけた。久祥院は信政のように領内を巡遊はしなかったが、何度か湯治に出かけている。二人はともにその都度《つど》大勢のお供を従えた大掛かりなものであった。その中にはかならず御料理人など、御台所の者たちがいて、御料理を差し上げる大事な存在であった。

信政、久祥院は度々社寺の参詣にも出かけている。これらは遊覧の慰みを兼ねることもあったのだろう。行動は別々であったが、『国日記』には津軽家の菩提寺である長勝寺、報恩寺（かつては菩提寺であった）などへ出かける記事が多い。その際行き先で蕎麦《そば》やうどんなどを召し上がることがあった。このようなときにも御料理人、御膳番が従っていた。殿様の召し上がり物に決して手抜かりがあってはならないので、御料理人自らが料理をしたものであろうか。そして、御膳番はその安全に目を光らせていたのであろうか。

延宝二年（一六七四）九月五日

殿様辰《たつ》の刻（午前八時）、長勝寺へ御廟参《ごびょうさん》、長勝寺へ御寄り遊ばされ、うどんを召し上がられる。

延宝二年十一月二十五日

辰の后刻《ごこく》（午前九時頃）、報恩寺へ御廟参（略）、御蕎《そば》切を召し上がり候。御兄弟方御相伴。（略）

この日は先代信義の命日である。

延宝六年（一六七八）八月十五日

最勝院へ入らせられ、什物《じゅうぶつ》（ここでは秘蔵の宝物）御覧遊ばされる。蕎《そば》切り、之を召し上がられる。（略）御料理人、高津又市。

ここには御料理人の高津又市がいた。

延宝七年（一六七九）一月五日

辰上刻（午前八時過ぎ）、長勝寺へ御廟参、熨斗目《のしめ》御小袖、長袴、（略）御香典、白銀十両、御先に之を持参、（略）そば切り、御茶之を召し上がられる。

これは新年の廟参なので、信政は服装を正し、長勝寺へ香料を差し上げている。そして後日、一月中に八幡宮、東照宮、神明宮にも参詣している。

信政が大勢の供を従えて、このような参詣などに出かけたとき、供の者たちの食事はどうしたのだろうか。

貞享元年（一六八四）五月に、百澤寺（今の岩木山神社）へ出かけた際には、軽輩の中小姓《ちゅうごしょう》、歩行《かち》、中間《ちゅうげん》、足軽、供の又者（又家来）には、残らず精進のお賄いを下さったとある。しかしある程度、禄高のある主人についていては自分賄いであった。信政はここでは料理を召し上がり、その後に、百澤寺から差し上げられた蕎麦《そば》切り、お吸い物、お菓子も召し上がっている。記事には現れないが、ここでも御料理人などの御台所の者たちや、御膳番が動員されたことが伺われる。この後の六月、信政は長勝寺へ出かけて、二汁五菜の夕御膳を召し上がっている。汁が二つの二汁の御膳は、一汁とは異なる格式の料理である。信政が帰城の後、長勝寺の住職が登城し、「今晩は、殿様がご機嫌よくお帰り遊ばされ、有り難く仕合せに存じ奉り候」と、わざわざ御礼を言上している。訪問先で殿様に食事を差し上げることは、「お成り」のようなもので、大きな栄誉であったのではなかろうか。しかし長勝寺の住職にとっては、大変な緊張の接待であったことだろう。

久祥院も社寺参詣で、信政と同様に何かを召し上がることがあったようだが、記事に多くは現れない。しかし、ここに寛文十年（一六七〇）四月のことを記してみる。

久祥院は菩提寺の隣松寺で、うどんを召し上がっていたのである。このときには、突然うどんを所望したようで、すぐには用意できず、うどんのために奔走したとある。隣松寺は大いに困惑したことであろう。また、貞享四年（一六八七）三月には、長勝寺で湯漬けを召し上がっている。これは事前に予定に入れていたものであった。

ところで、信政は日常どんな食事をしていたのであろう。具体的には料理の内容まではよくわからないが、これを推察するものに、『国日記』に次のような記事がある。これは信政が延宝六年（一六七八）

六月に、江戸から帰国する二日前のもので、御台所へ殿様の日常の食事について、次のような指示がなされた。

延宝六年（一六七八）六月七日

殿様がお着きになってから、十日二十日間位の賄についての申しつけ。これについて、家老の次太夫が、殿様お着きの晩は、ご馳走の心得で御料理を差し上げます、といってきました。それは、二汁五菜のお料理を差し上げ、ほかにお夜食、素麺、寄り合い場の濃いお茶なども差し上げます。というものです。そしてこの後に殿様のふだんの御賄いお膳部は、香の物ともに一汁四菜、侍《さむらい》分の中小姓《ちゅうごしょう》まで一汁三菜、御歩行《かち》は二菜、御中間は一菜を申しつけるものです。

と記している。つまり、信政のふだんの食事は、朝夕香の物も入れて四菜というものである。殿様の菜と、家来の菜では内容が違い、殿様の食事は充実した内容のものであったろう。これより十二年後の、元禄三年（一六九〇）にも、信政の食事について、次のような記事がみられる。

元禄三年（一六九〇）八月十八日

明朝より、（殿様の）御料理伺い奉り候処、一汁三菜に、平生の通りに仕る可き旨、之を仰せ出さる。

この日、信政は久々に江戸から弘前に帰っている。明日からどんな食事を差し上げたらいいのか、御台所から伺いを立てたところ、信政はいつもの通り一汁三菜でよろしいというものである。ところで、この場合、香の物が菜の数に含まれているのかどうか不明である。

これもずっと後年のことだが、『御用格』には、御台所から香の物の扱いについて、次のようなことが記されている。

享和三年（一八〇三）二月二十五日

（御台所の）御料理小頭の申し出には、お香のものも菜の数に入れている。前々からお年始、御規式、そして重いご祝儀のときにも、お香のものは菜の数に入れている。本式の膳部には、お香のものを五種類位も盛りつけて、ご菜数に加えて差し上げている。

というものである。

香の物を菜の数に加えるのは、弘前藩の古くからのしきたりのようだ。しかし久祥院の時代、同じ内容なのに、九菜だったり、十菜だったりしているのがみられる。「御用格」によれば、弘前藩の本膳料理は、香の物が菜の数に入ることは確かであると考える。ただし、信政の日常の膳部に、香の物が一菜として、数えられていたのかどうかはよく分からない。信政の日常の食事は、香の物を入れての一汁三菜ならば、例えば主菜には、焼魚や、魚の膾のようなもの、副菜には、野菜の煮物のようなもの、それに香の物がついたようなものであろうか。信政の三菜と四菜の膳部について、迷うところである。

なおこの時には、信政は三年ぶりに着城した。貞享四年（一六八七）から翌年にかけて、三男主殿《とのも》、那須与一の不祥事に関わる閉門、遠慮の処分をうけていた。そしてこの後、元禄二年（一六八九）には、弟、兵庫の秋田越境事件による遠慮のため、帰国できなかったのである。

信政は元禄三年（一六九〇）八月十八日に、午《うま》の中刻（午後一時頃）に着城し、まもなく北の郭に久祥院を訪ねている。お供の家来たちは麻上下、また羽織、袴と服装を正している。信政は久祥院に長い無沙汰を詫びたことであろう。江戸での閉門の事件の際には、久祥院は地元で人々の先頭に立ち、神仏に祈祷をしている。いつもの帰国とは異なり、久祥院は信政に会い、大いに安堵したことであろう。

そして信政は、二十一日には改めて久祥院を訪ねることになっている。そのときには着城のお祝いに、久祥院からお料理をご馳走になり、信政は江戸からのおみやげの品々を差し上げるというものである。また、二十三日にも、久祥院を訪ね、お祝いの雑煮をご馳走になることとなっている。これらは、信政が久祥院を帰国の挨拶に訪ねたときに約束したものである。

この後、信政は本城で、二汁七菜の御料理で着城のお祝をしている。そして二十三日には着城のご祝儀に、家老以下の重役たちに、それぞれ二汁五菜、二汁三菜の料理を下さっている。

ところで、普段は主立った家臣は城中で、御台所が用意する食事をとっていた。それはいわゆる夕食であったと考えられる。この時代の夕食は、今の午後二時～三時に食するものであったようだ。ちなみに殿様の食事は朝食、夕食、夜食であった。

貞享三年（一六八六）十二月二十九日

来年から、殿様がお膳を下げるというお気持ちがなくても、誰も食べてはならない。ご家老の料理はいつも、香の物とも一汁四菜、ご用人は一汁三菜、その外いずれも並（一汁二菜ということか、あるいはご用人と菜の内容が違うが一汁三菜ということか）である。御近習小姓にはいままで、殿様のお料理のおすべりを食べさせていたが、今後は御家中なみに一汁三菜とするように申しつける。

この記事によると、家老は香の物とも一汁四菜、用人は一汁三菜、ご近習小姓も内容はともかく一汁三菜というものである。ここでの「おすべり」というのは、殿様の料理の残り物ということである。しかしまったくの残りものというのではなく殿様のお代わり用に、何人分かの料理が、用意されていたのではないかと考えられる。時代が下るが将軍家の食事は、魚などは十人分位が用意されていた。

今の感覚からすると、香の物を菜の数に加えた一汁三菜、四菜はごく日常的な食事であり、格別ぜい沢なものではない。しかし、この時代には内容にもよるが、当時としては殿様の食事には、魚などの動物性食品が加わった、豊かな食事ではなかったろうか。

少し時代は下るが、安永の時代（一七七二～一七八〇）に書き残された、弘前城下で質店を営む商家の、「山一質店自分の掟」というものに、この家の食事の定めが記されている。それによると、一月《ひとつき》の内の、一日、十日、二十日の三度は生魚が、同じく五日、十五日、二十五日の三度は干魚又は塩辛が食膳に用意された。つまり、動物性の蛋白質食品を食べることができるのは、月の内わずか六回だけということである。

しかも、生魚は安値のものを用い、高値のときには用意しないことになっている。そしてふだんは主食のご飯に汁、漬物だけというものである。せめても米のご飯だけは、お腹いっぱい食べることができたであろうか。しかもこれは、主人も使用人も同じであった。当時の庶民の食事がいかに質素なものであったかが知られる。

人間はある程度、動物性蛋白質を摂らないと、身体は強健ではなく、病気に対する抵抗力も弱い。信政、久祥院を初め、上級武士は魚鳥を食する機会が多かったのだから、庶民よりは体力があり、健康的であったことが想像される。

着城のお祝い

藩主信政と生母久祥院の、親子の濃《こま》やかな愛情の交流については度々のべてきた。信政の参勤交代の帰城、江戸への発駕にも同様に濃やかなものが見られる。

江戸幕府への藩主の参勤は隔年ごとに行われる。およそ一年間を在国し、次の一年間は江戸へ出府して幕府のもとに在勤する。実際には三月頃に発駕し、翌年五～八月頃に帰国していることが多い。参勤では江戸へ向かう旅の無事を願い、また、江戸での勤めを終えて帰国した着城を安堵し、それぞれ厳粛に御祝の儀式が行われた。

ずっと時代が下るが、文化三年（一八〇六）の「御着城御祝儀御料理並《ごちゃくじょうごしゅうぎおりょうりならびに、》御能被仰付候《おのうおおせつけられそうろう、》御規式帳《おきしきちょう》」には、着城時の料理と御能の儀式について記されている。このときの藩主の御祝いの食膳は二汁七菜で、その他に、吸い物、肴二種、後段とある。（後段《ごだん》は食事が終り一区切りして、たとえば麺類などの軽い食事が供されるもの。二汁七菜の料理の例については、本膳料理の項で述べた。）

しかし、これには訂正の付箋が付いていて、二汁七菜を省略して二汁五菜に変更して、後段もなくしたとある。この時代は藩の財政が逼迫《ひっぱく》していて、諸事省略していたので、献立も省略したのはその一環でもあろうか。そして各職には家老、城代には二汁三菜と吸い物、肴一種、両御菓子、濃茶であった。また、その他の重立った役の御手廻組頭《てまわりくみがしら》、御馬廻組頭《うままわりぐみくみがしら》は、二汁三菜に肴一種、干菓子。さらにその下の御留守居組頭《るすいくみがしら》は一汁三菜と肴一種でお菓子はなかった。大目付、各奉行は赤飯と酒、肴だけであった。

同様に発駕の儀式を記した文化四年（一八〇七）の「御発駕御祝儀御料理並《ごはつがごしゅうぎ、おりょうりならびに、》御能被仰付候《おのうおおせつけられそうろう、》御規式帳《おきしきちょう》」には、発駕時の藩主の御祝の料理について二汁五菜、吸い物、肴二種、御茶菓子、後菓子ということが記されていた。御後《あと》菓子は食事の儀式で、一番最後に、お茶に出てくるお菓子のことである。

ちなみに、貞享四年（一六八七）一月七日の七種《ななくさ》の御祝では、後菓子は「あるへい、ぎゅうひ」で二種とも甘味の御菓子であった。こうしてみると発駕時の御祝儀料理の内容は、着城時のものと内容はあまり変わりないようである。家老、城代や、他の主だった役職の人もほぼ同様であった。

ところで、若き日の藩主信政は寛文五年（一六六五）には、六月二十一日に着城し、生母の久祥院を訪ねて「雑煮」をご馳走になっている。寛文七年にも、信政は着城してすぐに久祥院のもとを訪ね、やはり雑煮をご馳走になっている。

寛文七年（一六六七）六月十一日
殿様は帰城して、すぐに久祥（昌）院様へお出でになり、お雑煮を召し上がった。それから表《おもて》ご座の間においでになって、お引き渡しが出て、お膳を召し上がった。七つ過ぎ（夕四時過ぎ）にお風呂にお入りになった。

これ以前久祥院は体調が優れなかった。信政はまず久祥院のもとを伺い、雑煮をご馳走になり、それから規式としての、着城の御祝儀お膳を召し上がっている。その後に風呂に入るなど信政のくつろぎが伝わってくるようである。

お引き渡しは御祝の儀式に、三方《さんぼう》に勝栗《かちぐり》、昆布、熨斗《のし》などのおめでたい品を載せたもので、飾りであって実際には食べないと思われる。次の図は弘前藩の御台所小頭の、高田岩吉正行という人が安政四年（一八五七）に書き残したお引き渡しの図である。（「毎月式日《まいつきしきじつ、》御祝《おんいわい》並《ならびに、》年中御祝式《ねんちゅうおんいわいしき、》年頭御規式《ねんとうおきしき、》御飾諸品《おんかざりしょひん、》御盛付《おんもりつけ、》御取肴之類《おんとりざかなのたぐい、》御盛付図書《おんもりつけずがき》」グラフ青森社所蔵）

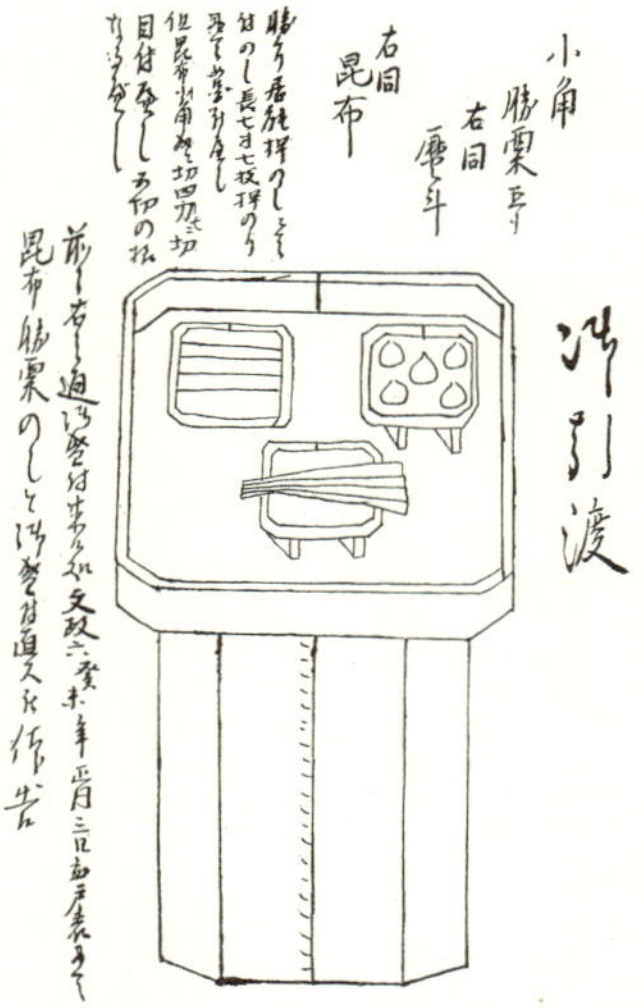

御引渡の図（グラフ青森社蔵）

ここで少し雑煮について述べてみる。信政は着城すると生母久祥院を訪ね、お祝いに雑煮を頂くのが習わしとなっているようだ。しかし、それはどんな材料の雑煮だったのか分からない。次はいずれも『国日記』によるものである。

ここに貞享二年（一六八五）一月七日に、信政が久祥院にご馳走した七種のお祝いの雑煮がある。それは串貝（あわびを干したもの）、かさいな（小松菜）、くしこ（なまこを干したもの）、もち、平かつお（干したかつおを薄く大きく切ったもの）大こん、芋のこ（里いも）蕨《わらび》、こんぶ、やきどうふで十種類の材料である。

もう一つは後の元禄七年（一六九四）に、信政が三男の与一に、弘前城で饗応したときの、雑煮の材料である。その時の雑煮の材料は「もち、だいこん、くし貝、わらび、焼きとうふ、こんぶ、いも（里芋）、それに平かつおであった。はたして久祥院が信政に差し上げる雑煮は材料が同じようなものであっただろうか。前者に比べて、かさいな（小松菜のこと）と、くしこがない。

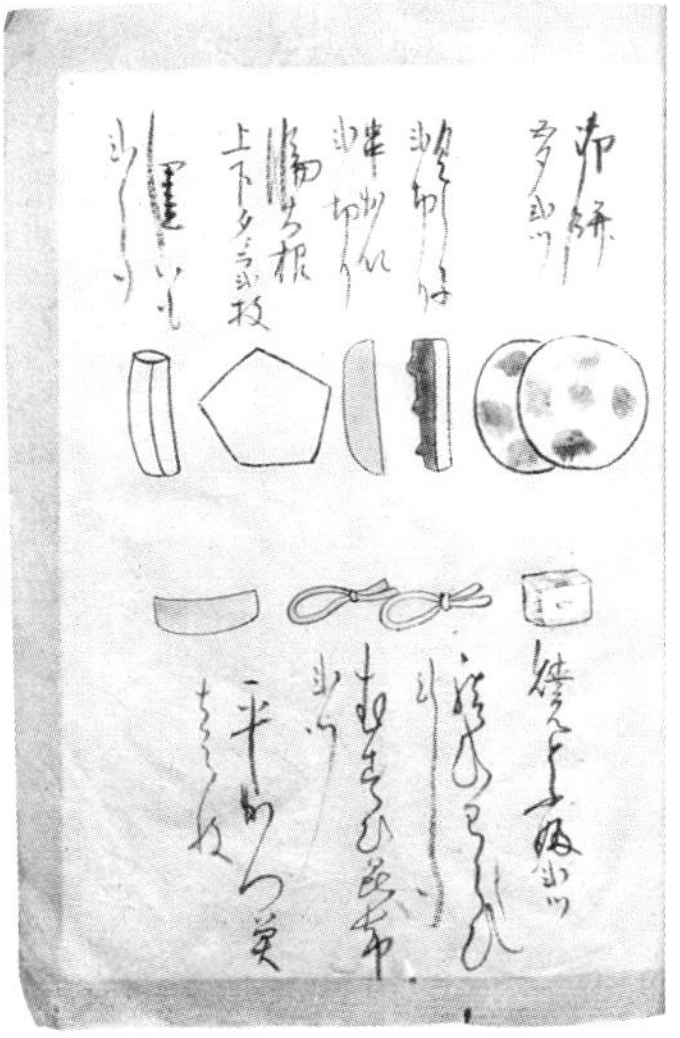

雑煮の材料
（弘前市立弘前図書館蔵）

ここに大変興味深い資料がある。弘前市立弘前図書館所蔵の「年中行事御祝《ねんちゅうぎょうじおんいわい》献立並《こんだてならびに》三方等御飾《さんぽうとうおんかざり》」というものに、弘前藩の年中行事の、お祝いの色々な献立がカラーで描かれている。（口絵参照）その中に雑煮の材料の絵もある。これも御台所の料理人が書き残したものと思われるが、年代は不明である。しかしこの文書の中に、文政六年（一八二三）から、盛り付けがこのように変

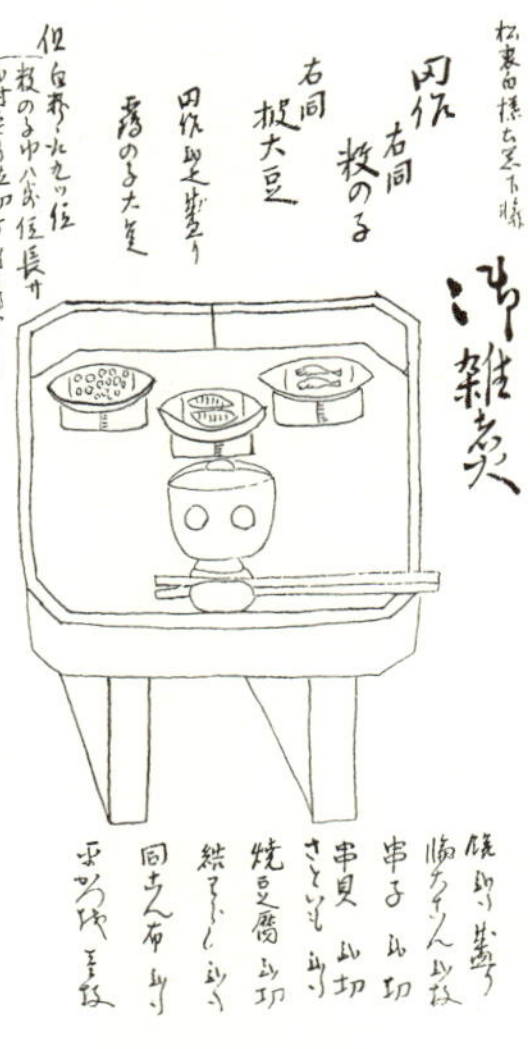

御雑煮
（グラフ青森社蔵）

わったと、図と文章があるので、この資料は藩政時代の後期、文政六年以降のものと推察される。

その文書の絵によると雑煮の材料は、黒豆が入ったような丸餅で、一ケの分量が五勺《しゃく》（一合の半分）が二つ、くしこ（なまこを干したもの）二切れ、串貝（あわびを干したもの）二切れ、輪《わ》大根（薄めの五角形）二枚、里いも（面とりをして細長く）二つ、焼どうふ二つ、結びわらび（輪の状態に結んだもの）二つ、結び昆布二つ、平かつ魚《お》一枚（干したかつおを薄く大きめに切ったもの）というものである。しかし何による味付けなのかは記されていない。

こうしてみると、貞享二年（一六八五）に信政が久祥院に差し上げた雑煮も、元禄七年（一六九四）に信政が三男の与一を接待した時の雑煮も、材料は大きく変わりはない。とすれば三百年前に、久祥院が信政に差し上げた雑煮は、信政が三男与一を接待した雑煮も、『年中行事御祝献立並三方等御飾』にある材料、作り方とほぼ同じでなかったかと想像してみるのである。弘前藩の雑煮は、ほぼ同じ材料で、切り方、作り方をずっと古いむかしから踏襲してきたのではないだろうか。

今日では雑煮は、新年を祝う食物という認識が大きいが、昔は新年に限らず、お祝いの席に用いられるものであった。雑煮が始まったのは室町時代ともいわれるが、室町時代の後期には、雑煮は上流階級の正月の食べ物となっていった。

江戸時代、京都、大阪など関西での雑煮は味噌仕立てで、江戸や東日本のそれは醤油仕立てであったという。十八世紀後半になって、ようやく一般に醤油が出回るようになり、広く東日本に醤油味が広がったものと考える。

津軽では三百年以上も前に、雑煮が『国日記』に現れるが、それは味噌味であったのだろうか。醤油味であったろうか。弘前藩は京都の近衛家と親しく、京都の食文化が入ってきていて、ずっと京風の味噌味ではなかったかと考えてみるのだが。

参考までに、時代が下がって安政時代のものだが、殿様に差し上げた新年の雑煮の図を示しておく。(前出と同様グラフ青森社所蔵)

ついでに津軽での「醤油」と、類似の「たまり」についても述べてみる。

信政の頃、弘前藩に様々なものを用立てる御用商人の萬屋七右衛門という人がいた。

貞享五年(一六八八)五月二日

(略)御膳醤油(殿様用のもの)を、ご当地で萬屋七右衛門より差し上げたのは、品質がよくない。鯵ケ沢に上方より下った醤油があるので、一斗(十八リットル)入りを十樽ほどお買いあげ下さるようにと、申し付けて下さい。そこで、それを少し買い上げるようにと、松浦次左衛門へ申し渡した。(これは御台所からであろうか)

萬屋七右衛門は藩の御台所に、藩主が用いる醤油を用立てていたが、品質がよくないので、鯵ケ沢にある上方からの下り醤油を買うようにした、というものである。
七右衛門の醤油はどこで求めたものであろうか。津軽領内で用立てたものであろうか。もしそうならば、この時代の津軽の醤油の品質は、まだまだ上方のものに及ばなかったことになる。

元禄三年（一六九〇）十二月四日
萬屋方ニ而《て》仕り候たま里《り》事の外能有之《よくこれあり》候。就夫《それにつき》舟便五六石も差登可《さしのぼせべく》候（略）

たま里《り》は「たまり」のことで、大豆を原料にした醤油以前の調味料である。醤油は大豆と小麦を原料として醸造されるのに対し、たまりは大豆のみを原料とした、タマリ麹に食塩水を加えて発酵させた味噌の溜まり液のことである。たまりはこの時代には、まだ本格的な醤油に代わって広く用いられていたのであろう。こちらの方は、萬屋七右衛門が、津軽領内で造らせたであろうものがおいしくて、評判が良く、五、六石も大量に江戸へ送られることになったのである。

御ふるまい料理

信政は貞享三年（一六八六）には八月一日に着城している。この時にも、信政は着城の後久祥院を訪

ねている。信政は久祥院のために銀子二十枚とともに、時服（季節の衣服）、箱肴を用意している。そして信政は八月六日になって、久祥院から、二汁五菜の料理の接待を受けている。

　貞享三年（一六八六）八月六日
　午《うま》の下刻（午後一時頃）殿様久祥院様へ入らせられ御料理召し上がられる。但し御下向遊ばされ初めて御祝儀の御振舞久祥院様これを進られる。

信政はこの度の着城後、初めて久祥院から着城祝いの饗応を受けたのだが、その内容はどのようなものであったろうか。その時の、二汁五菜の料理の内容が『国日記』に残されているのでこれを記してみる。

御手懸熨斗《のし》
御膳部御懸盤

本　膳

御なます　鯛　ぼうふ(1)　しそ　きりたて(2)

御汁　つみ入(4)　生椎茸　ちさ(5)

芋子《いものこ》(6)

から(香の)の物(3)　御めし

二の膳

塩煮

煎鳥《いりどり》(7)　鴨　御汁　鱸《すずき》(8)

ふ　青山椒《あおさんしょう》

わらび

なすびのし

ひたし　みずな

くるみ

引て(9)

組み焼き(10)　鮎

帆立て貝

これは将監《しょうげん》（家老）より差上げられすし

切漬すし(11)

御土器塗三峯《おんかわらけぬりさんぼう》(12)

御取肴(13)

一　するめ

一　はなかつお

御吸い物(14)

御肴　一　小栄螺《さざえ》つぼいり

一　さかふかつお(15)

御茶菓子

一　もんと餅(16)

一　かわたけ(17)

御銘々菓子(18)

後段(19)

すもみだいこん　　すずり団子(20)

ひらかつお

砂糖

御吸物

御さかな

一　小板かまぼこ

一　にしめ

御くわし（お菓子）

〔注〕

（1）**ぼうふ**　防風。海浜の砂地に自生。葉はにんじんに似た羽複葉に白い小花をつける。砂中に埋もれている部分も用いられる。

（2）**きりたて**　「計りつみてかさねて切る事也」とあるので防風、しそを同じ長さに切って積み重ね、これを鯛のわきに添えるということだろうか。

（3）**かうのもの**　香の物。つけもの。弘前藩では漬物の種類を多くして一菜とみなすことが多い。これを一菜として菜の数に加えている。

（4）**つみ入れ**　魚のつみれのことと思われる。

（5）**ちさ**　当時のレタスのこと。

（6）**芋の子**　里芋のことと思われる。

（7）**煎鳥**　鴨、雁などを炒りつけたもの。

（8）**塩煮すずき**　塩をしたすずきの切り身をさっと煮たものか。青山椒の葉をうかべて。

（9）**引て**　曳て、と書かれたりしている。正式の料理の名前に現れず、余分の料理として、大きな器などから取り分けるように何品かが供される。

（10）**組み焼き**　二種類の焼き物を組み合わせたもの。弘前藩の正式な料理に度々現れる。ここでは鮎と帆立て貝。

（11）**切漬ずし**　当時は現代のような生《なま》ずしはなく、なれずしの種類のことか。

（12）**御器塗三峯**　切漬すしの入物を塗り三方に入れて差し上げたということか。

（13）**御取肴**　ここでは食事がすんで酒のときに、主人がすすめる肴。

（14）**御吸い物**　酒のときの汁で、ご飯のときの汁物と区別している。

（15）**さかふかつお**　さかふは、酒で麸を煮たものだが、かつおのだしを使ったということか。

(16) **もんと餅**　どんなお菓子か不明

(17) **かわたけ**　清澄な流水中にのみ成育する淡水藻で、もとは熊本の水前寺の湧水地帯に産した。多くの工程を経て日に干して厚紙状の製品とすることが考案された。

(18) **御銘々菓子**　一人ずつのお菓子

(19) **後段**　ごだん、こうだんとも。食事が終わった後に出す軽い食べ物。

(20) **すずり団子**　餅米六、米粉四を合わせて小さな団子を作り、これをこしあんで煮て、砂糖をかけて食べる。

最後に御くわしだが、両お菓子が出たものであろうか。お茶は濃茶と薄茶であったろうか。

ここでの二汁五菜の、二汁は本膳の御汁（味噌仕立）、二の膳の御汁（すまし仕立）である。五菜は本膳の御なます、かう（香）の物、二の膳の煎鳥、浸し、それに組み焼きの五種類のことである。これだけの二汁五菜であれば簡潔で分かりやすいのだが、貴人の料理はこの他に酒があり、酒の肴の様々な料理が出てくる。さらに、家老が特別に差し上げた切り漬けや、珍品のかわたけもある。後段にはすずり団子や当時は貴重品であった砂糖も見える。この宴の最後はお菓子で終わるが、他の例を見るならば、これは甘味系のお菓子ということになろうか。

信政は翌貞享四年（一六八七）三月に発駕したが、同年十月に三男与一の那須家養子の件で、幕府から閉門という重い罰を受けた。これは藩主信政にとってまさに危機的な状況であった。このとき国元では、信政のことを心配した久祥院が先頭に立ち、多くの社寺に祈祷を命じている。これには生母としての隠然とした力が感じられるのである。信政は翌年四月に長かった閉門は許されたが、なお三ケ月の遠慮に服した。

信政は元禄元年は江戸に止まったが、同二年七月には、弟の兵庫が秋田へ越境するという不祥事が起きた。信政は再び遠慮ということになり、この年も帰国はできなかったのである。信政は結局三年を帰国できず江戸に止まっていた。そして、元禄三年（一六九〇）の八月十八日に、ようやく久祥院が待つ弘前に帰ったのである。

発駕のお祝い

今までは、信政が参勤交代で帰国したときの着城祝の食べ物について主に述べてきたが、今度は江戸へ向かう発駕の時について同様のことを述べてみる。

信政が江戸へ発駕するのはたいてい三月だが、延宝三年（一六七五）には三月十五日に出発している。この時には発駕の前日に信政は、久祥院を訪ねて別れの挨拶をしている。そして久祥院へ金子三十両を差し上げた。

延宝三年（一六七五）三月十四日

（殿様は）明朝、御発駕の為、御暇乞《いとまごい》として久祥院様へ入《いら》せられるの刻《とき》金子三十両之を進られる。

信政は発駕前の三月六日には御祝の御能を催し、久祥院を招いている。そして十一日には、久祥院は使者をもって、発駕の御祝儀に小袖一重《ひとかさね》、箱魚《はこざかな》（祝儀の贈答に用いる箱入の魚。多くは干鯛が用いられた）一種の目録を差し上げている。信政はこの御礼のため、同じ日の午《うま》の中刻《ちゅうこく》（午後一時頃）に久祥院を訪ね、「御餞別」の料理を召し上がっているのである。

ここでは信政の別れの挨拶を「御暇乞《いとまご》い」、久祥院が差し上げた小袖等は「御祝儀《しゅうぎ》」、同じく差し上げた料理は「御餞別《せんべつ》」と述べてあり、信政が生母を敬愛し、へりくだったものが感じられるのである。

延宝五年（一六七七）には、三月九日に発駕御祝の御能が催され、信政はやはり久祥院を招いている。この時、久祥院は杉重《すぎじゅう》（杉のうすい板で作った重箱）を先に差し上げている。お菓子、肴などを詰め合わせたものであろうか。それから辰《たつ》の刻（午前八時頃）に、御能観劇のために本城に着座している。

御能の一番目より煮染《にしめ》、御肴、御酒を差し上げ、二番過ぎには御菓子が、三番過ぎには干《ひ》菓子がそれぞれ差し上げられている。四番目が終わって中入となるが、この時には久祥院に、二汁七菜と吸い物の料理を差し上げている。そして後段になってすいとん（葛《くず》）、御吸い物、三献《さんこん》、二種が差し上げられた。三献は三回の酒の盃、二種は酒の肴が二種類ということであろうか。

久祥院は申《さる》の下刻《げこく》（夕五時頃）に帰るが、すぐに信政へ御礼の使者を遣わしている。十三日には、ここでも信政に御餞別として、小袖を一重、箱肴二種を目録を添えて差し上げている。また、この晩には久祥院は信政へご祝儀の料理を差し上げている。そして信政は三月十六日に発駕したのであった。

ところで天和三年（一六八三）の発駕は、いつもに比べ少し早めの三月七日であった。この年の発駕については『国日記』には多くは記されていないが、碇ケ関への雪切りが行われていた。

　天和三年（一六八三）二月二十六日
　碇関峠まで、雪切り御人足、一日に三百人宛《ずつ》つけ候。
　（略）

弘前から碇ヶ関までの全道ではないだろうが、国境《くにざかい》など雪の多い所の除雪をしたものであろう。三百人の大人数とはいえ、除雪道具が不十分な時代、大変な作業であったろう。作業の者たちには先年のとおり、特別にお米の手当てを渡している。

この時も発駕前の御能が二月十六日に催され、信政は久祥院を招いている。この御能では、二番過ぎにお菓子が差し上げられ、四番を過ぎて中入りとなって二汁七菜の料理が差し上げられた。

そして三月七日、発駕の日、信政からの使者、樋口衛門により、久祥院に次のような御餞別が差し上げられた。

　天和三年（一六八三）三月七日
　　久祥院様へ御使者、樋口衛門
　羽二重《はぶたえ》　浅黄　黄二疋（たて糸に撚《よ》りをかけない生糸を用いて、平織りにした、あと練《ね》りの絹織

物。柔らかく上品な光沢がある）

綿　　　二把《わ》
白銀　　十枚
箱肴　　一種
　右御目録添え

そして信政は使者により、久祥院へ次のような口上を申し上げている。

天和三年（一六八三）三月七日
今日は天気もよく、殿様が御発駕なされ大慶に存じます。そして殿様はいよいよご機嫌がよくご満足のご様子です。昨晩、殿様が御暇乞《おいとまご》いに伺いましたが、久祥院様にはお元気になられ、殿様もお心安らかになられました。ご使者によりお目録のとおりのお品を差し上げます。

ここでもいつものように、信政は発駕前に久祥院をお暇乞いに訪ね、料理の振る舞いを受けたことが想像される。この日はお天気もよく、信政もご機嫌よく江戸に向かって発駕した。
信政が発駕のとき、久祥院がお城に信政を訪ねることもある。

元禄四年（一六九一）三月六日

　明日七日、久祥院様がお城にお出でになるので、どんな献立にするのか伺ったところ、先年、御発駕前にお城にこられた時と、同格のものを用意するようにと殿様が申された。これを御膳番へ申し付け、二汁七菜、それに後段まで差し上げるということになった。

　これは久祥院が発駕を前に、お城に信政を訪ねてくるので、どんな格式の料理を差し上げるのか、信政に伺いを立てたものである。信政の前回の発駕は貞享四年（一六八七）三月十八日であったが、今回（元禄四年）も三月七日に、久祥院を発駕のご祝儀に招き、前回と同様の二汁七菜、後段つきの料理を差し上げたものである。

　この後、発駕前の十三日に、久祥院からお振る舞いがあり、信政は家老たちと共に北の郭を訪ねている。

　信政は元禄四年（一六九一）には、三月十五日に発駕している。久祥院は翌年の元禄五年四月に、信政が帰国する前に亡くなるので、これが最後の別れの発駕となる。このとき、信政が出発する朝の食事は、二汁七菜のお料理、お吸い物、お肴一種というものであった。ここでのお肴一種というのは、おめでたいということで、見るだけの、飾りの鯛の焼き肴ということであったろうか。信政が発駕の際の食事についてはあまり記されていない。

　信政は十五日の巳《み》の刻（十時頃）に出発するが、この日の行程は碇ヶ関までである。久祥院は使者をもって、碇ケ関で信政に御祝儀物を差し上げている。（御祝儀物前々の通りとあるので御菓子であろう）十六日になって、昨夜碇ヶ関に遣わした飛脚が帰り、「殿様は昨日、未《ひつじ》の下刻《げこく》（夕四時近く）にお着き遊ばれました」と報告している。そして殿様が次のように仰せになられましたと久祥院に申し上げている。

今日は天気もよく、ご機嫌よく碇ヶ関へお着き遊ばされ、一入《ひとしお》めでたく思《おぼ》しめされます。例年に相変わらず、山田彦兵衛が、ご使者としてお菓子を進られ、ご満足されております。（久祥院様へ）右の通り申し上げるよう仰せになりました。

この時も、信政はご機嫌よく江戸へ向かったようである。

幾度かの着城、発駕のことについて述べてきたが、『国日記』には、その時によって、簡略にしか記されていないこともある。度々同じようなセレモニーがくり返されていることを、日記にいちいち記さなかったのかも知れない。着城の時、信政はかならず早くに生母の久祥院を訪ね、挨拶を申し上げている。そして雑煮を召し上がっている。また江戸からのお土産を差し上げている。

そして信政は着城、発駕の度に御能を催し、久祥院を招き、御料理を差し上げている。一方久祥院も信政を招き御料理などを差し上げ、発駕にはご祝儀を差し上げている。双方の心遣いが強く感じられるのである。

七種《ななくさ》のお祝い

弘前藩の年中規式《き》の一つに、一月七日の七種《ななくさ》のお祝いがある。前日の六日に藩の重役が麻上下《あさがみしも》を着て、御台所で七種たたきのお囃子《はやし》を行った。翌七日には藩の組頭以上が登城してご祝儀を申し上げた。しかし、天和四年（一六八四）からは藩主の信政が国元にいないときには七種の御祝をしないことになった。これは久祥院によるものか、信政によるものかはわからない。

七種たたきを行い、七種粥に用いられる青物は、前日の一月六日に、大鰐（弘前より南へ約十二キロ位の所）にある殿様の菜園から、湯ひじり（湯守）たちによって届けられた。湯ひじりたちは、この日を楽しみにしていた。それはいくばくかのお金を頂戴し、酒肴をご馳走になれるからである。菜園と湯ひじりについては先に述べたが、弘前藩の七種は湯ひじりたちが、この日のために温泉熱を利用して、大事に促成栽培したものである。

七種は「せり、なずな、ごぎょう、はこべら、ほとけのざ、すずな、すずしろ、これぞ七草」と唄われているが、寒さ厳しい雪国の津軽では、七種の入手が困難なことである。温泉熱を利用した大鰐の菜園で得られる青物は極めて貴重なものであった。

貞享四年（一六八七）には、「芹《せり》、薺《なずな》、蕗《ふき》のとう、青菜、大豆もやし、しの葉、はこべ」が、そして、元禄五年（一六九二）には、「夏菜（薺《なずな》のことであろう）、葉にら、志の葉、芹、ふきのとう、青な、もやし」であった。このときには信政は江戸にいたが、この七草を久祥院に差し上げている。

さて、久祥院は信政が在城のときには一月七日に、七種のお祝いに昼頃にお城に入っている。そしていつも丁重な接待を受けている。

延宝五年（一六七七）一月七日の七種のお祝いには、昼頃にお城に入り、次のようなお粥を召し上がり、七種《くさ》のお祝いをしている。

一　七種御祝
　右御献立の品
　　　　　　　ひらかつお
たづくり（1）　もち
ひらき（2）　　あずき
かずのこ　御粥　せり
　　　　　　　あおな
　　　　　　　なづな
　　　　　　　ねぎ
　何《いずれ》も土器《かわらけ》

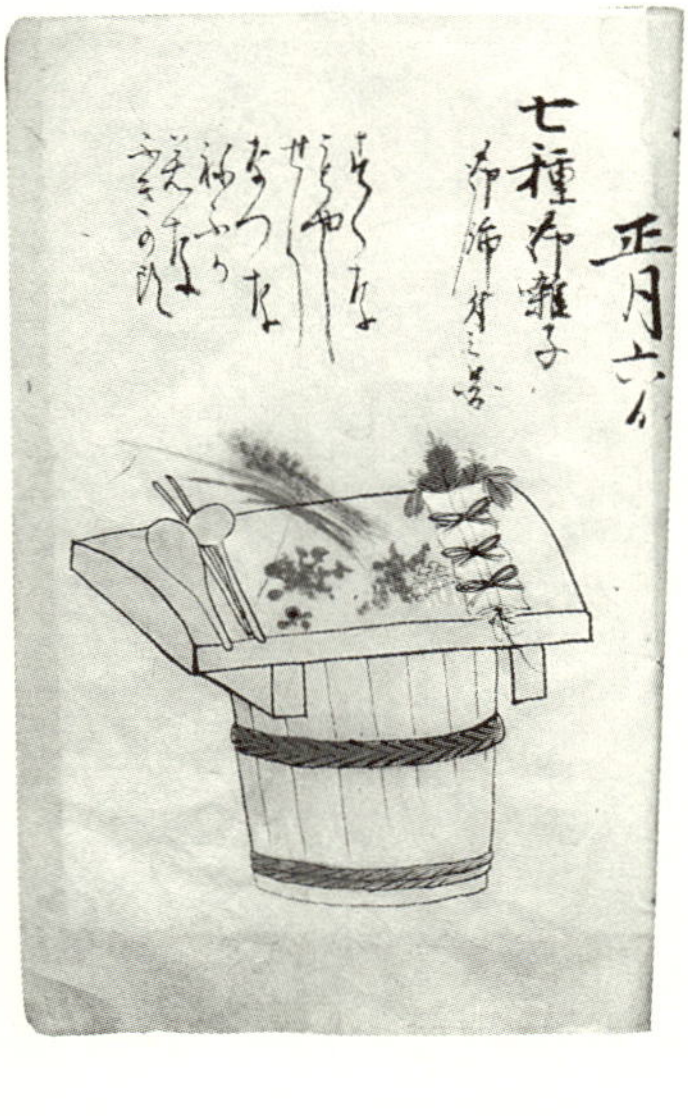
七種御囃子
『年中行事御祝献立並三方等御飾』より
（弘前市立弘前図書館蔵）

御吸物

〔注〕

（1）**たづくり** かたくちいわしを洗って干したもの。

（2）**ひらき** 大豆をゆでて開き、干したもの。
「たづくり、ひらき、かずのこ」は正月膳のおめでたい飾りで食べない。

ここでのお粥には、餅が入っていて七種類となっている。また、「あおな」の名前がみえるが、これは武士は「名を上げる」ということから、「菜＝名」にあやかり、七種粥を食べる最初に「あおな」を取り上げたという。しかし、金沢藩では名を残すということで最後まで残したという。さて、久祥院は、この後、三汁十菜の本膳料理を召し上がっている。息子で家老の津軽玄蕃がそのお相伴をしている。

先に一月七日の七種《ななくさ》のお祝いについて簡単に記したが、ここでもう少し詳しく記してみる。

天和四年（一六八四）、貞享四年（一六八七）ともに、久祥院は午《うま》の刻（正午頃）に御城に入られたとある。また帰るのが、貞享四年には申の下刻（夕五時すぎ）とあることから、久祥院の七種のお祝いの饗応は、ゆっくりとくつろいで行われたのだろう。料理はそれぞれ三汁十菜と三汁九菜であった。当時饗応の料理で三汁十菜は最高のもてなしであったろう。

久祥院に差し上げる料理は天和四年、貞享四年とも内容がほぼ同様のものなのに、天和四年は三汁十菜、貞享四年は三汁九菜と記されている。これは漬物を菜の数に加えるか、どうかの違いのようである。ふつう本膳料理では、漬物は菜の数に入れないことが多いのだが、弘前藩の料理の菜数は、漬物を加えていることが多い。料理を作る御台所では、漬物を盛り付けるときに種類を多くして、これを菜の数に加えているというものである。

ちなみに久祥院に差し上げた、他の年の七種のお祝いの料理は、ほとんどが三汁十菜と記されていて、漬物も菜数に入れないと、十菜にはならないようである。ここに漬物も加えて、久祥院の三汁十菜の七種の料理について述べてみる。

ここでの三汁十菜の三つの汁は、本膳の汁、二の膳の汁、三の膳の汁の三つである。十菜は本膳の鱠《なます》、焼き物塩鯛、香の物。二の膳の煮物、浸物。三の膳の差躬《さしみ》、そしてかまぼこ、あえもの、なべやき、色付け、と考える。次の御肴以下は酒の肴となる。御懸盤《おんかけばん》は平安時代からあるもので、儀式や貴人に用いられる料理などをのせる台のことである。

信政が生母久祥院に差し上げた、七種のお祝い、三汁十菜の料理を、『国日記』から記してみる。

貞享二年（一六八五）一月七日

御料理三汁十菜御膳部《おぜんぶ》御掛盤《おんかけばん》（1）

御蓬莱《ほうらい》（2）

御引渡《ひきわたし》（3）

搗栗《かちぐり》(4)
熨斗《のし》　白三峯《しろさんぼう》(5)
昆布
串貝(6)　大こん
かさいな(7)　芋のこ(10)
御雑煮　くしこ(8)　蕨《わらび》
もち　こんぶ
平かつお(9)　やきどうふ
たづくり(11)
かどのこ(12)
うちまめ(13)
御吸物　飛連(14)
御盃土器《おんさかずきかわらけ》三(15)　長柄《ながえ》の御銚子《おんちょうし》　屠蘇酒《とそさけ》(16)　加共《くわえとも》(17)

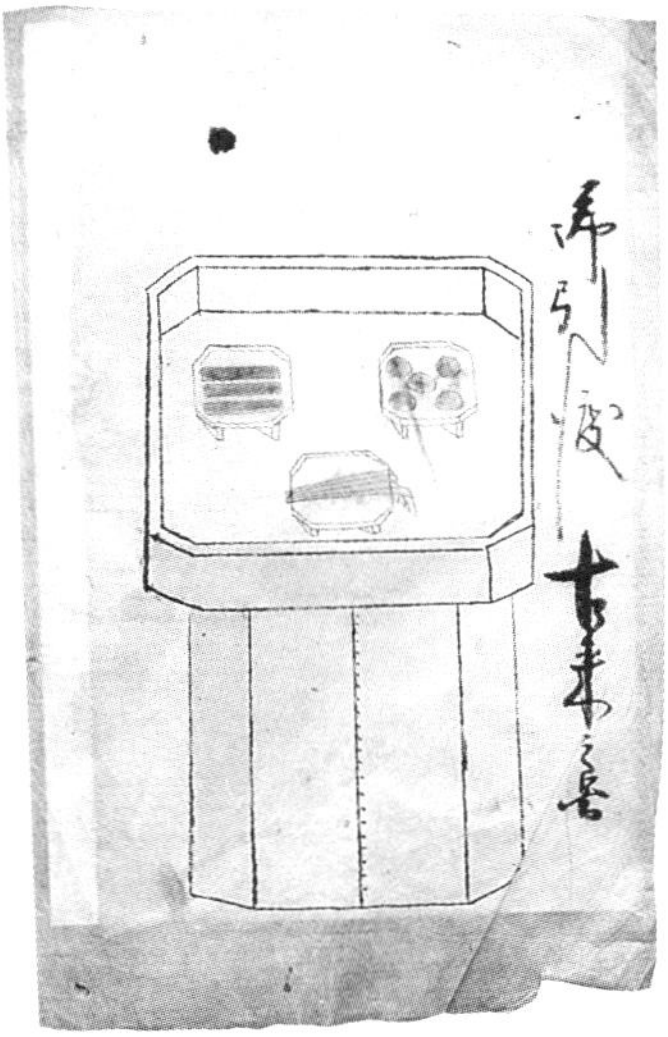
御引渡
（前掲　弘前市立弘前図書館蔵）

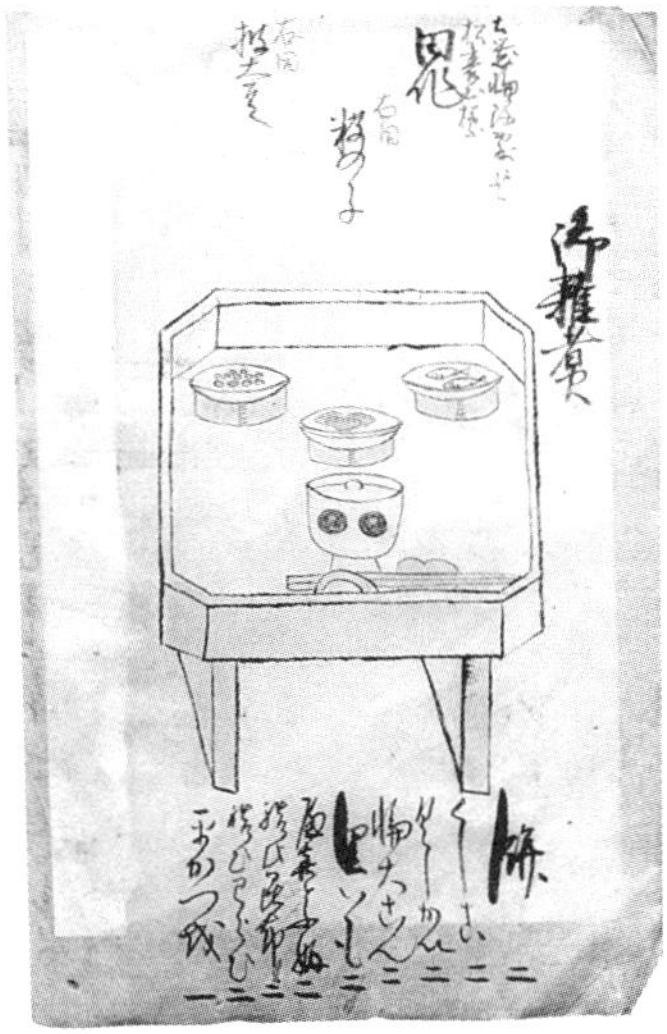
御雑煮
（弘前市立弘前図書館蔵）

御取肴(18)

一　かつお

数のこ

御掛盤《おんかけばん》

御本膳（一の膳）

鱠《なます》

ひらめ

くり(19)

しょうが

はららこ(20)

きんかん

ささかし(21)

御汁(22)

つみいれ

薄焼とうふ

椎たけ

つくつくし(23)

焼物　塩鯛

香の物(24)　御飯

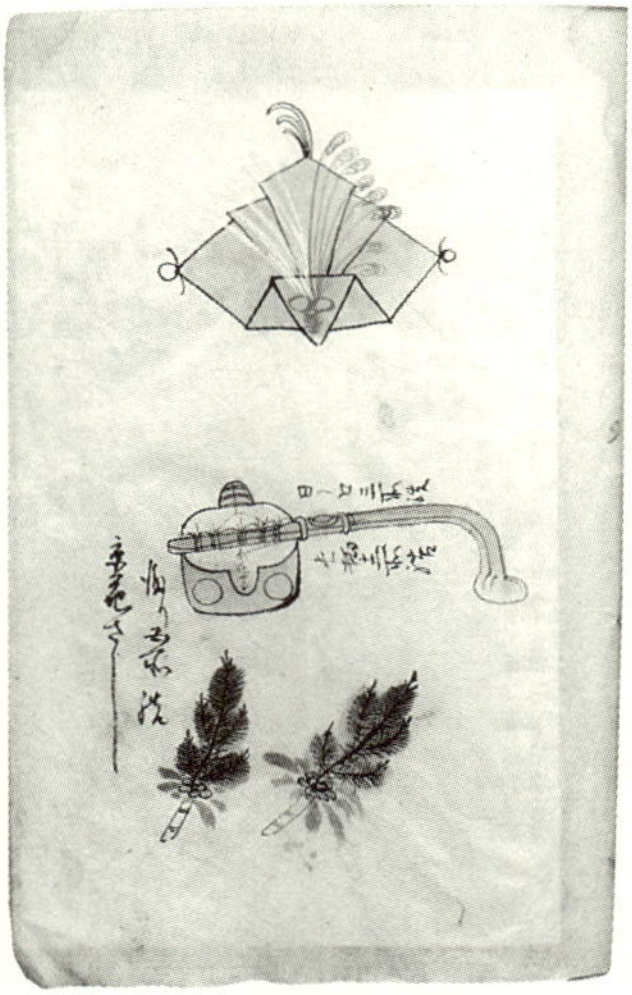

長柄の御銚子

（弘前市立弘前図書館蔵）

二（二の膳）

煮物　串海鼠《いりこ》(25)
くし貝

御汁(26)　たら
海松喰《うに》
品川苔

浸物　よめな(27)
唐海月《くらげ》(28)
ありのみ(29)
岩茸《いわたけ》(30)
胡桃《くるみ》

三（三の膳）

さき塩引(31)
海ぞうめん(32)

差躬《さしみ》　はんぺんせん(33)　御汁(35)　わりかぶ(36)

わさび

久年母《くねんぼ》(34)

煎酒《いりざけ》(37)

引而(38)

一　かまぼこ(39)　鰯《いわし》

塩山椒

うど

一　和物　かすぬた(40)

けし

一　なべやき(41)　しおふり

一　色付(42)　石王餘魚《いしがれい》

御肴
一　鮑《あわび》でんがく
御吸物　小鮒《こぶな》
枝柿(43)
一　御菓子　みどり(44)
こんぶ
後段《ごだん》(45)
こせう　うんどん(46)
御吸物　鯛
のり
御肴

一　さか麸(47)　かつお
おろし大こん
一　海鼠《この》わた(48)
一　御くわし　みつかん(49)
あるへい(50)

〔注〕

（1）**御懸盤**《おんかけばん》　食器をのせる台。古くは、四脚の台の上に折敷をのせたが、のちには脚を作り付けた。儀式や貴人用に使う。

（2）**御蓬莱**《ほうらい》　元日ではないので、略式のものかとも思うがよくわからない。「殿様の新年の料理」の章（145頁）に大蓬莱の図を示す。

（3）**御引渡**《ひきわたし》　おめでたい儀式などに、ここでは白木の三方に勝栗（干した栗を臼でついて、殻と渋皮を取り除いたもの）と昆布、熨斗《のし》をのせたもの。熨斗《のし》は干したアワビを薄くそいで一定の長さにして根元を束ねたもの。

（4）**搗栗**《かちぐり》　干した栗を臼でついて、殻と渋皮を取り除いたもの。おめでたいときに用いられる。

（5）**白三峯**　塗りをしていない、生地のままの三方。

（6）**串貝**　あわびを串にさして干したもの。ここでは食べるのではない。
（7）**かさいな**（葛西菜）　小松菜のこと。
（8）**くしこ**（串海鼠）ナマコの腸を除いてゆで、串にさして干したもの。
（9）**平かつお**　干したかつおをここでは薄く大きめに切ったもの。
（10）**芋のこ**　里いものこと。
（11）**たづくり**　かたくちいわしを洗って干したもの。
（12）**かどのこ**　にしんのかずのこのこと。
（13）**うちまめ**　大豆を水に浸し、槌でうってつぶしたもの。
（14）**飛連**《ひれ》　鯛のヒレのこと。鯛のヒレの部分の吸い物。高級魚を用いたという印《しるし》。
（15）**土器**《かわらけ》　うわぐすりをかけていない素焼きの盃。
（16）**屠蘇酒**　元日に一年の邪気を払って飲む薬酒。
（17）**加共**《くわえとも》　酒を銚子に差し加えるのに用いる。提子《ささげ》などの器のこと。
（18）**御取肴**　ここでは儀式の盃事に用意した肴のこと。
（19）**くり、しょうが**　ここでは、くり、しょうがを千切りにしたもの。
（20）**はららこ**　にしんの産卵直前の数の子。
（21）**ささかし**　ささかし大根。大根を笹の葉のように削ったもの。
（22）**本膳の御汁**　本膳（一の膳）につける汁を本汁といい、味噌仕立てと決まっている。
（23）**つくつくし**　つくしのこと。

(24) **香の物** 漬物のこと。

(25) **串海鼠** (8) くしこに同じ。

(26) **二の膳の御汁** 澄まし汁と決まっていて、醤油の汁とか塩の汁となる。

(27) **よめな** キク科の多年草。高さ約五十センチ位になる。秋に枝端に淡青紫色の頭花をつける。若葉は食用に。

(28) **唐海月**《くらげ》 備前《びぜん》くらげ。傘《かさ》の直径が三十センチ位になり、人を刺さない。中国料理などに使われる。

(29) **ありのみ** 「なし=梨」の反対語として「あり」を用いる。ここでは浸物《ひたしもの》に梨を用いたのだろう。

(30) **岩茸**《いわたけ》 鹿児島、宮崎が主産地の茸。すぐれた香気があり、高級料理に用いられる。江戸藩邸から料理用として、くるみ、浅草のりなどと共に送られてくる。

(31) **さき塩引** 薄塩の鮭塩引を刺身に切ったものか。

(32) **海ぞうめん** 紅藻《こうそう》類の海藻。各地の潮間帯の岩に生える。約二十センチの糸状で粘りがある。今日ではほとんど用いられない。

(33) **はんぺんせん** はんぺんを千切りにしたものと思われる。

(34) **久年母**《くねんぼ》 みかんに似るが、果皮が厚く、果肉は香りと酸味が強い。江戸から送られてくる。

(35) **御汁** 三の膳の三の汁は、二の膳の汁と同様に、味噌汁ではなく澄ましの汁となっている。

(36) **わりかぶ** かぶを大ざっぱに切ったものか。

(37) **煎酒**《いりざけ》 古酒、かつおだし、梅干しを煮て作る。煎酒《いりざけ》は鱠や刺身などに使われた調味料で、江戸時代の後期になって醤油が普及すると、ほとんど使われなくなった。しかし料亭などで今も使われたりする。

(38)**引而**《ひいて》(曳而)　ほとんど献立名に現れることのない内々の料理で、砂鉢などで数品が用意される。

(39)**かまぼこ**　ここでは鰯《いわし》で作ったかまぼこ。現在のような蒸したものではなく、すり身を小さな板にぬって焼いたものと思われる。鰯は下等な魚と思われがちだが、新鮮なものはおいしく、高貴の人も食べたものなのだろう。

(40)**かすぬた**　ふつう「ぬた」は酢味噌だがここでは酒粕も用いたぬたのことか。

(41)**なべやき**　鳥肉などを厚手の鉄板などで焼いたもの。

(42)**色付**　かれいに醤油の色をつけて焼いたもの。

(43)**枝柿**　串柿のことか。冬の季節がくると、奈良産のおいしい御所柿《ごせ》が送られてくるので、ここでは御所柿のことと思われる。

(44)**みどり**　弘前藩の御用菓子屋「大坂屋」の『御菓子御本當帳』(明和三年　一七六六)に、「みどり」の名前が見え、一斤当りの値段が出ているが、どのようなお菓子なのかよく分からない。

(45)**後段**《ごだん》(こうだんとも)　お客様のもてなしに、一通りの食事のあとに出す軽い食べ物のこと。

(46)**うんどん**　(饂飩)。うどんのこと。前記「大坂屋」の『御菓子御本当帳』には、「饂飩」が記されていて、十枚当りの値段が出ている。御台所ではうどんを御菓子屋で求めて、久祥院好みの細さに切ったものであろうか。

(47)**さか麩**　(酒麩)　酒に生麩を加えて煮て、途中から塩、醤油、梅干しなどを加える。酒肴によし。

(48)**海鼠**《この》**わた**　なまこの腸の塩辛のこと。珍味。

(49) **みつかん**（蜜柑） 当時は貴重な果物で上流階級の贈答品に用いられた。信政はその季節になると、毎年久祥院に贈るのを例とした。当時のみかんの大きさは三センチ位で甘く種があったといわれる。

(50) **あるへい** 前記「大坂屋」の『御菓子御本当帳』には「あるへい」の名前が見える。有平糖。砂糖と水飴を煮詰めたお菓子。室町時代の末期にヨーロッパから伝えられたといわれる。今もごく限られて市販されているという。

北の郭の生活《くらし》

弘前藩の四代藩主信政の生母久祥院は、独立して北の郭に住んでいた。藩主の御殿がある本丸の北側の坂を下ってすぐの右側にあった。弘前市立弘前図書館所蔵の古い絵図には、そこに「久祥院様御屋敷」とある。

『国日記』によれば、貞享四年（一六八七）には、久祥院の郭に、春光という老女と思われる人を頭に、上臈《じょうろう》が十一人、上臈並み一人、御小姓が二人、御仲居四人、御半下（雑役の係り）が十四人もいた。久祥院は美しい女性を集めたといわれる。その他に料理人や、何人かの番人や信政との間を行き来する専任の用人もいた。きっと他にまだ仕える人たちがいたことだろう。

久祥院が住んでいた北の郭は、当時の絵図によっても相当大きなものであった。元禄三年（一六九〇）

の広敷の畳替えには、備後表《びんごおもて》（広島県産）が百五六十枚、近江表《おうみおもて》（滋賀県産）が二百枚ほど必要だといっている。当時これらの産地のものが、畳表として最も優れたものであったのだろう。

藩主信政は弘前に在《あ》る時には、久祥院を一月七日の七種《ななくさ》のお祝いに、必ず招いてご馳走をしている。そして、この時には駕籠《かご》で本丸の御殿を訪ねる久祥院のために、九人の人が従っている。記されてはいないが、他にきっと久祥院の女中たちもお供をしたことであろう。

天和三年（一六八三）一月五日
陸尺《ろくしゃく》六人（駕籠《かご》を担ぐ人）、御長刀《おんなぎなた》持ち一人、御挟《おんはさみ》箱持ち二人、申し付け（略）

これは久祥院が出かけるときの、基本的な供の九人といえるようである。北の郭から本丸の裏玄関までは目と鼻の先の距離だが、久祥院は信政の願いにより仰々しく駕籠《かご》に乗って出かけたのであろうか。或いはこれは貴人として当たり前のことであったのだろうか。ここで少し久祥院が外出する時の供揃えについて見てみよう。

久祥院は貞享元年（一六八四）六月四日には、菩提寺の茂森の隣松寺へお参りをしている。この時のお供は、先に述べた陸尺《ろくしゃく》など九人の他に、久祥院の御殿《ごてん》の番人が五人、御馬廻一人、御歩《かち》六人、騎馬が一人、御目付一人の計二十三人となっている。この中には長刀《なぎなた》を持つ人や挟《はさみ》箱を持つ人が含まれているのだろうか。

また、久祥院は元禄三年（一六九〇）の十一月二十五日に、新寺町の報恩寺へ廟参《びょうさん》をしている。この日は前藩主信義の命日である。その時のお供は御徒《かち》六人、御長刀《なぎなた》持ち郷《ごう》足軽一人、御挟《はさみ》箱持ち郷《ごう》足軽二人、御陸尺小人《ろくしゃくこびと》（駕籠持ち）十人、御供乗り物六人、町人足十二人で合計三十七人である。郷足軽は田舎などに居住し、農業を営む最下層の武士である。また小人《こびと》は雑役に従事する身分の低い小者である。

ところで信政は度々久祥院を招いては接待をしているが、お付きの女中たちにも惜しみなくご馳走を下さっている。信政は生母の久祥院に、随分気を遣っていたのだろう。

天和三年（一六八三）一月六日

明七日、例年の如く久祥院様御入り遊ばされるに就《つ》き、御料理先年の通り三汁十菜、御供の女中（上臈《じょうろう》のことか）、中上臈（並上臈《なみじょうろう》のことか）へ二汁五菜御食《めし》下され候。御中居並びに今次郎兵衛、同治右衛門へも、一汁五菜御飯《おんめし》下され候。（略）

（今次郎兵衛、同治右衛門とも北の郭で久祥院に仕える人である。）

貞享元年（一六八四）十二月二十六日

久祥院様御出《おいで》に就《つ》き、御能仰せつけられる覚え。（略）御料理（久祥院へ）三汁七菜。御肴、御吸物、御菓子、御膳御懸盤。料理二汁五菜春光。同一汁五菜惣（総）女中。

派手な暮らしの久祥院に、随分お金も要することであっただろう。信政が久祥院に差し上げる生活費は年に二百両だが、他にも機会があるごとにお金を差し上げていた。例えば元禄二年（一六八九）一月には、例年の如く年頭ご祝儀として、御時服などの他に千疋(一疋は十文)を差し上げている。また、様々な食料も差し上げている。

久祥院に仕える女中たちの手当などは、久祥院の生活費とは別で、藩が出していたと考える。信政にとっては何ものにも代えがたい、この上もない大切な生母であった。

久祥院の女中たちは躾《しつけ》がよく、口が堅くて、しっかりした藩士や、有力な商家の美しい娘たちであったろうか。その手当ては、貞享四年(一六八七)には、それぞれ元締めの春光がお切米《きりまい》金五両と、お仕着《しき》せ年に三度。上臈がお切米金三両と、お仕着《しき》せ年に三度。御小姓がお切米金二両と、お仕着せ年に三度。御仲居がお切米金二両。御半下は一両二歩というものであった。(お仕着せは、主人が使用人に、その季節の衣服を与えること。普通は盆、暮れの二度であった。)

ここでのお仕着せは、久祥院がわざわざ江戸あたりに、注文したもののようだ。久祥院好みのしゃれた、品質のよいものであっただろう。(お切米は知行地を持たない者に支給される扶持米または金銭のこと。)他に上臈並《なみ》が一人だけいて、この女中は手当てが、「御扶持ばかり」とだけなっているがよくわからない。

久祥院に仕える女性たちの待遇は、他に比べてよかったのではないかと考える。

ところで、久祥院のお付きの上臈や御半下はどんな食事をしていたのだろう。

『国日記』によれば、藩主信政の日常の食事は一汁三菜であった。(一汁四菜のときもあった)。このことから想像しても、久祥院の日常の食事も一汁三菜ではなかったろうか。この頃、信政のお姫様の食事は、朝夕一汁三菜で魚を食べていた。したがって、信政や久祥院も毎日、魚を食べていたのではないかと想像される。面倒見がいいと思われる久祥院にすれば、女中の上臈たちにも、朝食はともかく、夕食には度々魚を食べさせていたのではないだろうか。藩主信政は、生母久祥院の願いを最大限尊重して、これによく応《こた》えていたようだ。久祥院に仕える御半下の食事について、次のような興味深い記事かある。この時は信政は弘前にいたのであった。

貞享三年（一六八六）十二月二十四日

久祥院様御召仕《おんめしつかい》の御半下九人、菜一増し並びに、折敷《おしき》共に下され候う様に願い奉る旨（略）、右の通り下されるの旨、彦兵衛（久祥院付けの用人）に申し渡す。

久祥院の召使の御半下（一番下の階級の召使）に、おかずをもう一品増やし、簡単なお膳もつけて欲しいと願い出て、これが用人の山田彦兵衛を通して許された。というものである。

信政はすぐに久祥院の願いを聞いて、御半下の菜を増やし、折敷《おしき》を用いるように改善している。折敷とは例えば、お茶の食事の席などで使われる、足の付かない簡素なお膳のことである。今までは、身分の低い多くの御半下が台所の板の間で、お膳なしで、床の上で直接食事をしていたのであろうか。ご飯、みそ汁、漬物が当時の食事の基本と思うのだが、菜一増しとは、これらの他にもう一菜を増やしてほしいということであろうか。そしてこれは夕食の時であろうか。

千歳山《ちとせやま》での行楽料理

弘前の南に小栗山という所があり、ここにかつて「千歳山《ちとせやま》」という名勝の地があった。弘前城の追手門から参勤の道順でおよそ六キロメートルの所である。

ここは、約三百三十年前の貞享元年に、四代藩主の信政が開いたもので長楽亭と名付けていた。もちろん藩主専用の憩《いこい》の地であり、参勤交替の時にも度々寄っては遊んでいる。生母の久祥院も何度か遊んでいた。

約八十年前の『津軽名勝と文華　千歳山』には、「元禄年間には付近の地に松や杉を植え、甲州柿、西條柿、けし、加州いも、大栗、こんにゃく玉を栽培し、朝鮮香、柚、薩摩瓜の種子を蒔き、薬草を植培し、一種の植物園を経営していたという。」とある。そしてここには、藩主などが遊ぶときには、次のような茶屋があった。

長楽亭、山中亭、福寿庵、遠ノ辺、八橋、坂本、瓦擲峠、タウタンコ、橘亭、権現堂、八百屋などであった。茶屋の名前に、八百屋などというものがあったのだろうか。

『国日記』に、久祥院が千歳山に遊んだ記事がいくつかある。

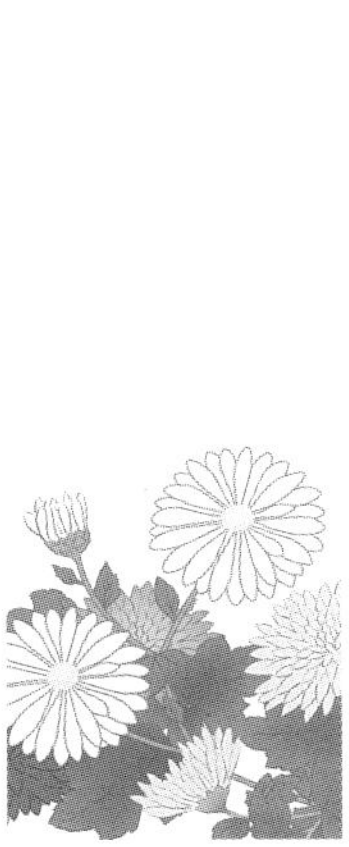

貞享二年（一六八五）三月十八日
久祥院様、千歳山へ辰の中刻御出で。

とある。辰の中刻は午前九時頃のことである。久祥院は信政の計らいにより、千歳山で遊んでいる。そして同じ日の、久祥院が帰着する一足先に、千歳山から、「久祥院様はご機嫌よくご遊覧遊ばされました。」という手紙がお城に届き、これを藩主の信政に申し上げている。この報告を受けた信政は、うれしく安堵したことであろう。この日の天気は晴で、今の四月の下旬になる。

信政はこれより以前の二日前、三月十六日に千歳山に遊んでいる。『国日記』によれば、上記の久祥院のために、千歳山の安全を確かめる下見もしていたのである。そして信政は、「未《ひつじ》の下刻《げこく》（午後三時すぎ）ご機嫌よくご帰城」とある。

信政は千歳山から帰ってきて、十八日に出かける久祥院のために様々なことを指示した。たとえば白木綿《もめん》や莚《むしろ》、新しい桶やひしゃく、お手水鉢、屏風などの用意や、久祥院の被《かぶ》りものの笠や、杖のことまで細かに気配りをした。まだあるが、「その外入用のもの諸色（いろいろなもの）、殿様お出で遊ばされ候の通り。」つまり準備は全て藩主のときと同じようにというものであった。

久祥院の千歳山遊覧のために、大勢の人達が動員されていたことはいうまでもない。もちろん御台所の人達も同じである。『国日記』によれば、千歳山にご用に付き、御料理人、板の間の者、家具の者、足軽、中間、御膳番小者《こもの》などが動員されている。（御料理人は藩主の料理を作る一番上位の人、板の間の者は調理場で下働きをする人、家具の者は食器類を管理する人、御膳番は藩主の食事を毒味する人である。

ここではその小者ということである。）このときには、谷長左衛門が、御台所頭で御料理人でもあった。

『国日記』によると、久祥院は元禄四年（一六九一）三月十日にも千歳山に遊んでいる。このとき信政は、二汁七菜の料理とお菓子を差し上げている。そして、久祥院のお供の女中にも、上通り（上臈のことか）には一汁五菜、下通り（御仲居のことか）には、一汁三菜を下さっている。この他に、お台所からと、赤飯二斗も下さっている。

また信政は、久祥院が千歳山に着いてから、「今日はお天気もよく、ご機嫌よろしくおめでたいことです。」と使者により、口上を申し上げ、先とは別に、お菓子重《かしじゅう》を差し上げている。信政にはどこまでも大切な生母であった。久祥院はこのとき、申《さる》の后刻《ごこく》（午後五時頃）に帰着している。楽しかったことであろう。

さて、久祥院は、元禄五年（一六九二）には病いで亡くなっているが、千歳山についてもう少し続けてみたいと思う。元禄八年（一六九五）は大凶作で、領内の餓死者が三万人余もあったという。翌九年（一六九六）はあまり作がよくなかった。しかし信政は、この年の十月十五日に、明日千歳山で、家中の主だった者に軽い料理をご馳走をしたいといわれたのである。

元禄九年（一六九六）十月十五日

（略）当年は打続き天気もよく、豊焼（穣）の年に、下《した》（領民）も豊かにあるべき也と、（信政は）御機嫌に思召《おぼしめ》され候。これ依り明十六日、千歳山にて、軽き御料理下し置《おか》され可《べ》く候。勝手次第罷り越し、慰み申す可《べ》き由、仰せ出だされるの旨（略）

信政は各々が千歳山へ行き、楽しんでくるようにといっている。気温が低くて寒いところを出かける人達のために、藩は、遠近のお茶屋には煎じ茶を、また、山中（千歳山近くであろうか）のお茶屋には赤飯を、八橋（どこなのか不明）のお茶屋には煎じ茶を、それぞれ用意しておくように命じている。しかし十六日は雪が降ったりして中止になった。

十七日も早朝に雨が降り、晴れたり曇ったりの天気で中止になった。十八日はようやく快晴になり、藩主と家中の一部の人が出かけた。十九日もなんとか天気がよく、藩士の残りの人たちが出かけた。『国日記』には、当日の天気は、「晴、霜、午下刻《うまのげこく》小雨《こさめ》未后刻止《ひつじごこくやむ》」と記されている。つまり午後の一時過ぎから小雨が降り出し、三時過ぎに雨が止んだというものである。帰りは千歳山を、午後早めに帰らないと日が暮れるし、雨に濡れたかもしれない。

当日、信政が家来たちにご馳走した一汁三菜を、次に記してみる。ここでの三菜は煮染、香物、組焼のことと思われる。御肴は酒の肴と思われる。

たまご　ごさえん(2)
煮染《にしめ》　わらび　御汁　ざくざくな(3)
御菜園(1)の人参午房《にんじんごぼう》　さいのめたうふ
御食《おんめし》

曳而《ひいて》(4)
香物《こうのもの》（漬物）
組焼《くみやき》(5)　味噌漬鮭
な満干《まぼ》しか連《れ》い
御肴《さかな》(6)　こぐし（小串）そい
ふろふきかぶ
御さえん

〔注〕

（1）**御菜園**　殿様の野菜畑のことで、大鰐など何ケ所かがあった。もしかしたら千歳山の野菜かも知れない。
（2）**ごさえん**　殿様の「ご菜園」のことと思われる。
（3）**ざくざくな**　何かの野菜をざくざくと刻んだものか。
（4）**曳而**　引而とも。献立の名前には出ず、大きな鉢ですすめる肴。献立により何品もあったりする。

（5）**組焼**　焼き物を組み合わせたもの。

（6）**御肴**　ふつう肴は酒のおかずに入る。ここでの三菜とは煮染、香物、組焼と考える。（一般的には漬物は菜の数には加えないのだが、弘前藩では香物も一品と数えている。）

殿様の新年の料理

本来は藩主の信政が新年を祝う料理だが、信政は江戸にいて不在のため、弘前にきた世子信重（後の藩主信寿）が信政に代わってお祝いをした料理について記してみる。久祥院が亡くなって八年後の、元禄十三年（一七〇〇）のことであるこの儀式の料理については、何汁何菜とは記されていないが、香の物を入れて三汁九菜と考える。

ここでの三汁九菜の三汁は、本膳（一の膳）の御汁、二の膳の御汁、三の膳の御汁の三つ汁である。九菜は本膳の鱠、香の物、焼き物塩小鯛。二の膳の煮物、和《あえ》物。三の膳のさしみ、五三二かれい。それに組焼、い里鳥《りどり》、の九品であると考える。

ところで、三百年前の信政の世子信重が元日を祝う料理には、あるべきはずの「御飯《おんめし》」がないのである。これは日記役の人がうっかり書き落としたか、わざわざ「御飯」と書かなくとも、そこには「御飯」があるのは周知のことで、書くまでもないとして省略したのであろうか。

前述の久祥院の七種御祝い料理と、この料理の献立は似た構成だが、久祥院の料理にはちゃんと「御飯」が書いてあるのである。

先に「着城のお祝い」で、弘前藩の御台所小頭で、高田岩吉政行という人が書いた、「お引き渡し」などの新年の絵図を紹介した。

さて、今ここに紹介する三百年前の、元日のお祝い料理は、後の安政時代に高田岩吉正行が書いた絵図と酷似しているのである。

元禄十三年（一七〇〇）元日の料理

一　御鏡《かがみ》（1）

一　御蓬莱《ほうらい》（2）

一　御土器《かわらけ》（3）　塗（4）三方

一　御若水《わかみず》（5）

一　御吹散《ふきちらし》（6）　塩　梅干　塗三方

枝山升

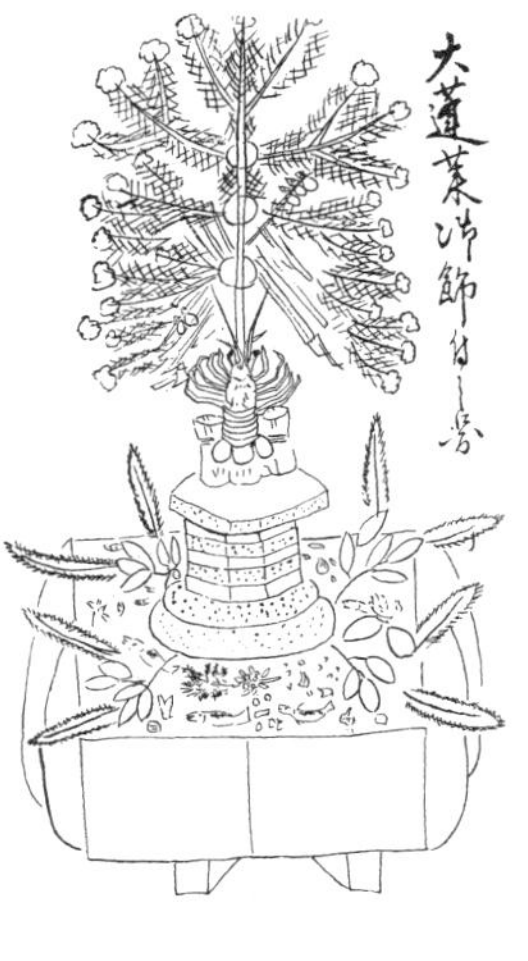

大蓬莱の図

（グラフ青森社蔵　前掲資料より）

一　御茶大福《だいぶく》(7)

一　御引渡《ひきわた》し(8)

小角《こかく》(9)　勝栗(10)

熨斗　塗三方

同　昆布

もち

田作(11)　くしこ(13)

大こん

数子　御雑煮　いもの子

ひらき豆(12)　こんぶ

やきたうふ

わらび

平かつお

くしがい

御土器二　御吸物小鮒

御引渡の図

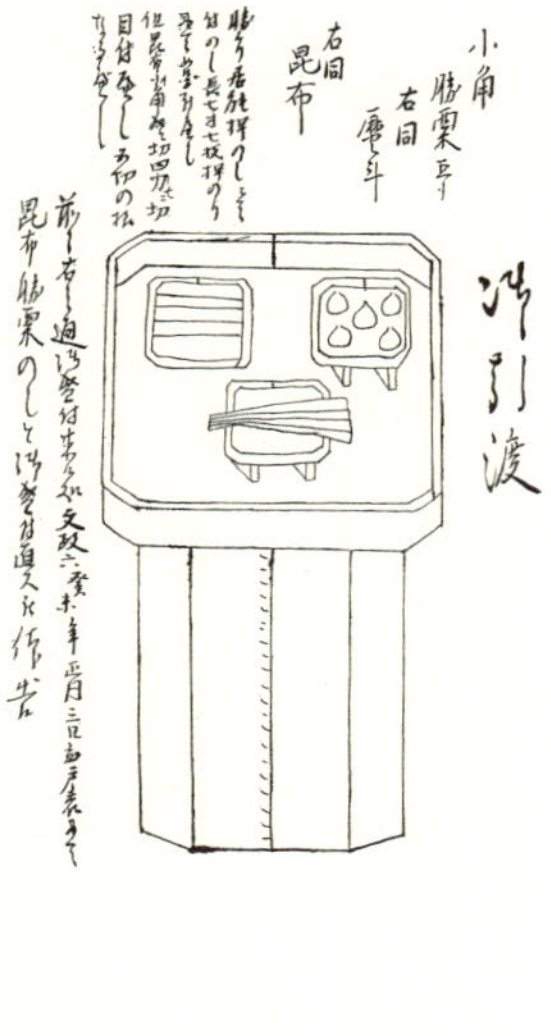

（グラフ青森社蔵）

塗三方

御銚子御加共(14)

御取肴(15)

一 かつお

一 数の子

御本膳（一の膳）

薄盤御膳御紋御椀(16)

御汁 大かぶ

鱠

ぼら

たづく里《り》

ささかし大こん(17)

く里《り》 せうが(18)

金かん

香物《こうのもの》 焼物塩小鯛

二（二の膳）

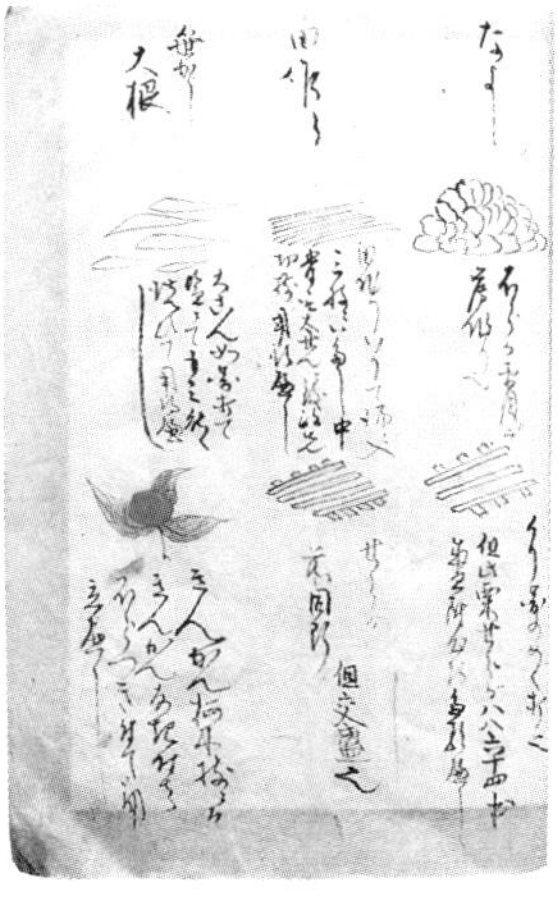

『年中行事御祝献立並三方等御飾』より
（弘前市立弘前図書館蔵）

煮物　くしこ
くしがい
かも
御汁　松葉ごぼう(19)
いてう大こん
五ふなゆ(20)

和物　ねぶか(21)
山升みそ(22)

三（三の膳）

鯉子付(23)
かきたい(24)
さしみ　わさび
久年ぼ《り》(25)
い里酒(26)

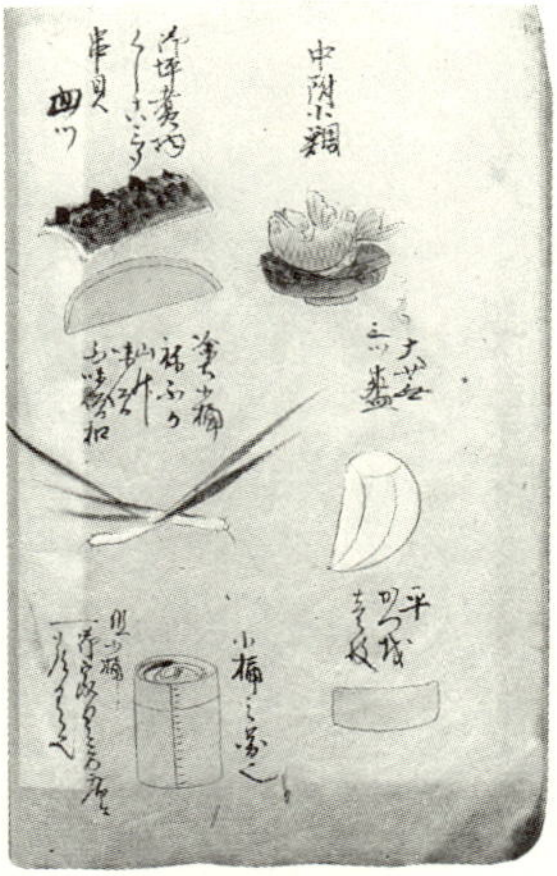

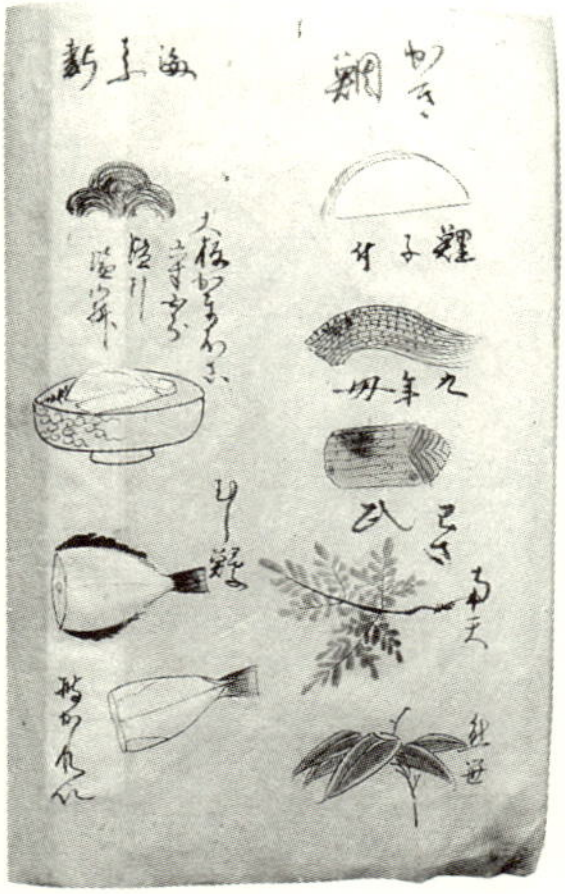

（この頁の図　前掲　弘前市立弘前図書館蔵）

御汁　こな(27)

五三二かれい(28)

引而(29)

一　組焼(30)

か満ぼこ

塩山升

生干たら

一　い里《り》鳥(31)

きじ

ふ

御さか那《な》(32)

御吸物(33)

飛《ひ》連《れ》(34)

五三二のかれいの図

一　かつお
一　数の子
　　勝くり　みつかん
御菓子　こんぶ　山升《さんしょう》
　　のし

〔注〕

（1）**御鏡**　鏡餅のこと。

（2）**御蓬莱**　蓬莱には大蓬莱、小蓬莱があり、小蓬莱にも伊勢えびがあり、大蓬莱を小さく簡素化したものである。ここでは大蓬莱のことであろう。近年著者が見た大蓬莱は台とも一・五メートルはあったようだ。

（3）**御土器**《かわらけ》　素焼きの盃。

（4）**塗三方**　塗物の三方のこと。

（5）**御若水**　元日早くに汲《く》んだ水。年神への供え物にしたり、食事を整えたりする。この水を飲むと一年の邪気を払うとされた。

（6）**御吹散**《ふきちらし》　梅干し、塩、枝山椒の三種を三方にのせたもの。

(7) **御茶大福《だいぶく》**（大服《おおぶく》） 元日若水でたてた煎茶のこと。

(8) **御引渡《おひきわたし》** ここでは塗物の三方の上に、それぞれの小角に勝栗と、昆布をのせ、手前に熨斗《のし》をおいたもの。

(9) **小角《こかく》** 三寸四方の折敷《おしき》。小さな角盆のようなもの。

(10) **勝栗** 干した栗を臼でついて、殻と渋皮を取り除いたもの。おめでたいときに用いられる。

(11) **田作《たづくり》** かたくちいわしを洗って干したもの。

(12) **ひらき豆** ゆでた大豆を開いたもの。

(13) **くしこ** ナマコの腸を除いてゆで、串にさして干したもの。

(14) **御銚子御加共《くわえとも》** 酒を銚子に差し加えるのに用いる。提子《ささげ》などの器《うつわ》のこと。

(15) **御取肴** 儀式の盃事に用意した肴のこと。

(16) **薄盤御膳御紋御椀《うすばんおんぜんごもんおんわん》** 縁《ふち》を低くした細縁の膳に、両大名家の家紋のついた飯椀、汁椀をのせる。

(17) **ささかし大こん** 大根を笹の葉のように削ったもの。

(18) **く里、せうが** ここでは栗と生姜を千切りにしたもの。

(19) **松葉ごぼう** ごぼうを松葉のように、切身の根元を残して切ったもののことか。

(20) **五ふなゆ** 不詳。

(21) **ねぶか** 根深ねぎ。ねぎの白い部分が長いもののこと。

(22) **山升みそ《さんしょう》** 山椒の若葉や実をすりまぜた味噌のこと。ここでは根深ねぎを山椒味噌であえたもの。

(23) **鯉子付** 鯉の刺身に、鯉の卵を炒めまぶしたもの。

(24) **かきだい** 鯛の身を包丁でかきとるようにしたもの。
(25) **久年母《くねんぼ》** みかんに似るが、果皮が厚く、果肉は香りと酸味が強い。江戸から送られてくる。
(26) **い里酒《り》** 煎酒は古酒、かつおだし、梅干しを煮て作る。煎酒は鱠や刺身などに使われた調味料で、江戸後期になって醤油が普及するとほとんど使われなくなった。しかし料亭などでは今も煎酒が使われたりする。
(27) **こな** 小さな菜のことか。
(28) **五三二のかれい** 一枚のかれいを五つの切り身にして、器に下に三切、その上に二切を盛り付ける。煮たものか、焼いたものかは不明。
(29) **引而《ひいて》**（曳而《ひいて》） 献立名に現れることの少ない内々の料理で、砂鉢などで数品が用意される。
(30) **組焼** ここでは、それぞれ焼いたかまぼこと、生干たらの組み合わせ。
(31) **い里鳥** 鴨、雁などの鳥肉を大きくそぎ切りにして煎りつけ醤油、たまり等で味つけをし野菜を加えたもの。
(32) **御さか那《な》** ここでは、酒の肴のことか。
(33) **御吸物** ここでは酒の肴の吸い物。
(34) **飛連《ひれ》** 「ひれ」とは、それだけで鯛のヒレのことを指す。貴重な魚の鯛を用いているという印《しる》し。

久祥院の七種《くさ》の料理と、信政の世子「信重《のぶしげ》」の元日の料理をみると、煮物、和え物、焼き物などが主で、揚げ物は見られない。時代的に料理の発展を見たときにそうなるのだろう。またこの時代の貴人が食べる料理は、魚などの動物性のものが多い。昔から近年まで、動物性の蛋白質はご馳走であったことが知られる。

今の二月に当る極寒の時期に、津軽ではすぐには手当てができない食材もある。ひらめ、はららこ、金柑、鯛、海松《うに》、梨、岩茸、かぶ、九年母、石がれい、生のあわび、鮒、枝柿、鯛、みかん、鴨、雉子などは周到に準備し、用意されたものであろう。

久祥院の料理のなかで意外なものに、「いわし」が原料のかまぼこがある。前述したが高貴の人はめったに口にするものではなかったと思われる。弘前藩では、御城で工事をする人夫たちの常用の賄いには、塩漬のいわしが使われていた。これは常備していたようだが、御台所では腐敗してしまうこともあったようだ。あるいは、この日のかまぼこは別の魚の予定であったのが入手できず、いわしとなったのであろうか。

また、「久祥院の七種《ななくさ》料理」と、「信重の正月料理」を比べてみると、基本的には形式がほぼ同じである。久祥院のものは、もてなしの料理でもあるので、儀式の料理に後段が加わり、一段と充実したものとなっている。

他の本膳料理を多く見たわけではないが、このような弘前藩の儀式などの料理には、独自のスタイルがあるように思われる。例えば鱠にはひらめ、ぼらなどが使われる。そしてかれいの切り身の五三二のかれい、焼き物を組み合わせた組み焼き、色付き石王餘魚《いしかれい》、串海鼠《くしこ》と串貝などである。

久祥院の死

『国日記』によれば、信政の生母久祥院は、元禄五年（一六九二）四月四日に六十三歳で亡くなっている。信政は参勤で江戸にいて、久祥院の死に目に会うことができなかった。信政にとって大きな悲しみであっただろう。信政が江戸へ向かう時の恒例だが、元禄四年のこの時も久祥院を御城に招き、別れの会食をしている。また、久祥院も信政の発駕を祝い、信政を北の郭に招き、ご馳走をしている。そして、元禄四年（一六九一）三月十五日に信政は弘前城を発駕した。これが信政と久祥院の最後の別れとなったのである。久祥院は碇ケ関まで使者を遣わし、お菓子重などの餞別を差し上げている。

元禄四年（一六九一）三月六日

明七日、久祥院様入らせなされるにつき、御献立伺い申し候ところ、先年御発駕前に、お入り遊ばされ候節、御献立の格にあるべく候間、その通り申し付くべき旨仰せいだされる。御膳番へ申付け。二汁七菜、後段まで仕《つかまつ》り、差し上げ申し候。

久祥院は三月八日に、信政の弟で家老の玄蕃を、その屋敷に訪ねることになっている。この時、お供にご用人とお目付けの他に、二人の医者も付き添うことになっていた。これは信政の心配りであろう。どうやら久祥院の健康に、陰りがみえてきたように思われる。

久祥院は例年十一月二十五日（二十四日のときもある）には、当時、津軽家の菩提寺であった新寺町の報恩寺へ、駕籠《かご》でお参りに出かけている。先にも記したが十一月二十五日は、三代藩主で、久祥院の夫であった信義の命日であった。久祥院が亡くなる前年の元禄四年にも出かけている。新暦では十二月の末にあたり、この日も相当寒かったのではないか。『国日記』にはこの日は終日吹雪とある。久祥院は、風邪を引かなかったであろうか。『国日記』によれば、翌元禄五年（一六九二）の一月には久祥院は臥《ふ》せている。しばし久祥院の病の経過を記してみる。

以下は『国日記』による。

一月二十八日には、小康を得て、「御床上げさせられ候趣《おもむき》」とある。そして二月二日に、千歳山の福寿草がお見舞に差し上げられている。しかし、久祥院の病は次第に重くなっていく。

二月四日になると、津軽の真言五山（最勝院、百沢寺、国上寺、久渡寺、橋雲寺）に、久祥院の病気快癒のご祈祷を申付け、今日は吉日ということで、四日から十日までご祈祷を執り行っている。しかし病は癒えなかった。

三月一日には、「久祥院様御風気（かぜ）御気色《おんけしき》調わず」と神明宮において、表むき神楽《かぐら》を催し、お湯立てをした。（湯立ては、神前に大釜を据えて湯を煮立たせ、笹の葉で熱湯を振りまく儀式）

同日には、医者の道求が、一生懸命に久祥院の病気をみて、お薬を差し上げ、お気色が快くなったとして、ご褒美に銀三枚を頂戴している。

三月十五日には、江戸の信政からお見舞いの手紙が届いている。

三月二十四日には、再び五山へ久祥院の病気平癒の御祈祷を申し渡している。

三月二十八日には、信政は久祥院のご容体を心なく思われ、江戸から医者の須田宗入と、お見舞いの御使者、山田八兵衛の両人を遣わし下着した。山田八兵衛は即日、暮六ツ過ぎ（夜の六時過ぎ）に久祥院に目通りしたようで、信政のお見舞いの言葉を伝えている。

四月四日には、江戸からの御使者、山田八兵衛に、久祥院から白銀二枚を下さった。

この後、久祥院はついに亡くなった。「久祥院様、御養生、御叶《かな》い遊ばされず、今日、申《さる》の刻（午後四時頃）、御遠行《えんこう》遊ばされ候」そして久祥院の亡骸《なきがら》は「御尊骸《そんがい》」と記されている。

ところで、国元でのこのような状況に、江戸ではどうしていたのだろう。弘前からは飛脚で度々、久祥院の様子を報告している。『弘前藩庁江戸日記』（以下『江戸日記』）をみると、三月の二十七日に弘前を立った飛脚が、四月四日に八日振りに江戸に着いている。八日間で着くのは大急ぎの飛脚であった。このとき、『江戸日記』には「久祥院様ご機嫌、悪しき由申し来るなり」とあるが、弘前では、久祥院がこの日の夕方四時頃には亡くなっている。

江戸では、久祥院がもうすでに亡くなっているのを知らず、四月五日に「久祥院様御病気御祈祷、そく、晩より大師手座の御祈祷、十七日の護摩」と対応している。当時は、病気には、ただひたすら、祈るしかなかったのが分かる。

通信手段が未発達の当時、人手による飛脚には限度があった。この時は、久祥院の死を江戸へ知らせるために、四月五日から六日間と限っているが、おそらく馬を継《つい》で走らせたことであろう。これは当時の、江戸までの超特急の手段であったろう。そして、四月十一日の『江戸日記』に「久祥院様御遠行の由申し来り」（略）とある。

四月二十日には、久祥院がすでに亡くなった弘前に、信政が注文してあった、端午の節句祝いのお召し物が届いた。京都あたりに注文していたものであろうか。例年、信政がこの時期に、久祥院に差し上げていたものである。信政の心中を思う。

北の郭で、久祥院の三十五日の霊前に、差し上げたお膳は二汁七菜であった。

あとがき

本書は『北奥文化』に久祥院の食べ物について順次発表したものを、誤りや重複を手直しして一冊にまとめたものである。

この本の記事の多くは、『弘前藩庁日記　国日記』を参考にしたものである。『弘前藩庁日記　国日記』には、一時期を藩主信政やその生母久祥（昌）院の多くの消息が記されている。「はじめに」にも記したが、藩主の生母久祥院のことが、公的な『弘前藩庁日記』にこれほどまで書き残されたのは異例のことであろうと考える。やはりそこには、藩主の信政が敬慕してやまない生母を、『藩庁日記』に残そうという強い意志があったのではないだろうか。

久祥院は才気に富んだ女性であったと思われる。また久祥院は酒が好きな人であったようで、若き日に上方から下した酒に酔いしれたであろう記事も見える。これは推測に過ぎないが、藩主の信政は藩の大事なことを、ひそかに久祥院に相談していたのではないだろうか。

『弘前藩庁日記　国日記』からは、久祥院、信政は随分魚鳥に親しんでいたことが知られる。一方ほぼ同時代に、庶民は極めて貧しい食生活を強制されていた。たとえば現平川市の元唐竹村の食事は、親戚への振る舞いであっても粗末な一汁二菜であった。魚は鰯《いわし》か羽鰊《はねにしん》（身をとった残り）であった。（『新編弘前市史』）

信政は久祥院が亡くなった時には江戸にいて、その死に目に会うことはできなかったが大きな悲しみであったろう。信政は久祥院の死後、かつて生母が暮らした北の郭をずっと残しておいたが、死後十三年目にして取り壊したという。信政には思い出深い久祥院の北の郭であったろう。

信政は生母を敬慕して厚く待遇した。またこれは小さなことだが、かつての侍女が老年になって困窮していることを知り、扶持を与えるということがあった。反面、父信義の他の側室たちへの待遇は差別したものであった。また異腹の弟「兵庫」一家を死に追いやるという冷たい一面もあったのである。

まだ久祥院に関心を持たなかった頃、『弘前藩庁日記　国日記』に、度々女性の久祥院が現れるのが不思議であった。やがて久祥院の周辺に多くの食物、料理等が現れることを知った。久祥院にめぐり会ったことを大きな幸いと思っている。

本書をまとめるにあたり、弘前市立弘前図書館の調査室の皆さんには大変お世話になりました。また北方新社の二部洋子さんにも大変お世話になりました。深く感謝します。

平成二十六年十一月

〔参考文献〕

『弘前藩庁日記　国日記』　弘前市立弘前図書館蔵（寛文元年六月～元禄十三年一月）　一六六一年～一七〇〇年
『弘前藩庁日記　江戸日記』　弘前市立弘前図書館蔵（元禄五年四・五月）　一六九二年
『弘前城之図』　天和以前（一六八一年以前）のものと思われる。（TK二〇三—六）　弘前市立弘前図書館蔵
『鱈献上披露之儀御奉書』　弘前市立弘前図書館蔵（貞享二年）　一六八五年
『御台所御定書』　弘前市立弘前図書館蔵（元禄六年）　一六九三年
『分限帳』　弘前市立弘前図書館蔵（元禄十年）　一六九七年
『奥富士物語』　弘前市立弘前図書館蔵（明和二年）　一七六五年
『御菓子御本當帳』　弘前市立弘前図書館蔵（明和三年）　一七六六年
『山一質店自分之掟』　杉山雄一氏所蔵（安永四年）　一七七五年
『津軽編覧日記』　弘前市立弘前図書館蔵（寛政五年）　一七九三年
『御着城御祝儀御料理並御能被仰付候御規式帳』　弘前市立弘前図書館蔵（文化三年）　一八〇六年
『御発駕御祝儀御料理並御能被仰付候御規式帳』　弘前市立弘前図書館蔵（文化四年）　一八〇七年
栗原徳建『式日御祝御料理帳』　弘前市立弘前図書館蔵　一八一四年
『年中行事御祝献立並三方等御飾』　弘前市立弘前図書館蔵（文政六年以降のもの）　一八二三年以降
高田岩吉『毎月式日御祝並年中御祝式年頭御規式御飾諸品御盛付御取肴之類盛付図書』
グラフ青森社蔵　一八五七年
中村良之進『津軽名勝と文華　千歳山』　弘前市立弘前図書館蔵　一九三四年
笹澤魯羊『青森県下北地方誌』　河北新報　一九三四年
「御台所年中御本当並仕立物帳」（『陸奥史談』27）　陸奥史談会　一九五七年
塚口勇作『静岡県柑橘史』　静岡県柑橘販売農業協同組合　一九五九年

渡辺　実『日本食生活史』　吉川弘文館　一九六四年
大鰐郷土史研究会編『大鰐町史』　小野印刷所　一九六五年
小館衷三『津軽藩政時代に於ける生活と宗教』　津軽書房　一九七三年
人見必大・島田勇雄『本朝食鑑』　平凡社　一九七七年
村井康彦　日本料理技術選集『京料理の歴史』　柴田書店　一九八一年
大鰐町『大鰐の昔っこ』　一九八一年　東奥印刷
吉井始子『翻刻江戸時代料理本集成』　臨川書店　一九八一年
山上笙介『津軽の武士1』　北方新社　一九八二年
木村守克『みちのく食物誌』　路上社　一九八六年
平野雅章「おせち料理」（『ヘルシスト』五六号）　㈱ヤクルト　一九八六年
山上笙介『女人津軽史』　北の街社　一九八六年
『御用格』第一次追録本下巻　弘前市教育委員会　一九九三年
黒滝十二郎『日本近世の法と民衆』　高科書店　一九九四年
田澤　正『だれでも読める　弘前藩御日記』上巻　弘前相互印刷㈱　一九九四年
田澤　正『だれでも読める　弘前藩御日記』中巻　弘前相互印刷㈱　一九九五年
『新編弘前市史　資料編2』　弘前市市長公室企画課　一九九六年
横島秀三郎『藩主信政公と弘前城内の能舞台』　私家本　一九九六年
陶　智子『加賀百万石の味文化』　集英社　二〇〇二年
磯田道史『武士の家計簿』　新潮社　二〇〇三年
弘前市教育委員会『弘前の文化財』　二〇一〇年
『青森県人名大事典』　東奥日報社　一九七三年

本山荻舟『飲食事典』　平凡社　一九八一年
弘前大学国史研究会編『津軽史事典』　名著出版　一九八二年
川上行蔵・西村元三郎『日本料理由来事典』　同朋舎出版　一九九〇年
藩主人名事典編集委員会編『三百藩藩主人名事典』　新人物往来社　一九八六年
日本風俗史学会編『図説　江戸時代食生活事典』　雄山閣　一九七八年
小西重義『日本料理由来事典』　同朋舎　一九九〇年
松下幸子『図説　江戸料理事典』　柏書房　一九九六年
『青森県人名事典』　東奥日報社　二〇〇二年

木村守克（きむら・もりかつ）

1936年弘前市に生れる
東北栄養専門学校卒業　管理栄養士
弘前大学教育学部附属小学校、幼稚園で学校給食の管理に従事する
東北女子短期大学非常勤講師
弘前古文書解読会会長

著書　「みちのく食物誌」（路上社）
　　　「伝統料理 けの汁」（路上社）

住所　〒036-8094　弘前市外崎１-12-５

藩主津軽信政生母
久祥院の御台所

二〇一五年一月十五日発行

著者　木村守克
発行者　木村和生
発行所　㈲北方新社
〒036-8173　弘前市富田町五二
電話　〇一七二-三六-二八二一

ISBN978-4-89297-207-2